마라도 청년,
　　민통선 아이들

마라도 청년,
민통선 아이들

최상운 포토에세이

우리의 자연이 그저 멍청하게 홀로 있었던 것은 아니다. 우리의 자연은 언제나 그 안에 사는 사람들의 삶과 어우러져 있었다. 가장 높은 산의 심마니에서부터 가장 먼 바다로 나아가는 뱃사람에 이르기까지, 우리의 풍광은 단순한 구경거리가 아니라 더불어 살아가기 위한 것이었다. 그런데 급격한 현대화의 모든 부작용은 바로 이런 자연과 어울린 삶의 한복판에서 벌어진다. 농부는 논밭을 떠나 길가의 '가든'에서 밥상을 차리고, 어부는 섬과 양식장을 버리고 해변에 민박집을 차린다. 문명은 우리의 삶과 자연을 이간질한다. 자연은 점점 더 순수한 체하면서 관광객의 구경거리가 된다. 자연은 함께 살던 이웃을 멀리하고 도시민의 향락과 기분전환을 위한 발길에 짓밟히고 있다. 자연의 품 안에 있던 삶은 영상산업 속에서 더욱 '코믹'한 모습으로 일그러진다.

이 작가의 사진은 이런 우울한 변화에도 불구하고 여전히 부지런하고, 낙천적이며, 겸손하게 땅과 강과 뻘에 '붙어 사는' 인간을 주목한다. 자연은 도회적 시각에 길들여지지 않고 그것과 함께 부대끼며 사는 주민과 나란히 포즈를 취한다. 자연은 그런 어우러짐 속에서 진정 오롯하게 되살아나는 듯하다. 단순한 눈요깃거리로 전락한 자연과 인간을 거부하면서, 작가는 사람들이 그 전경에서 살아가는 모습을 지켜보는 자연의 후경을 주시한다.

다채롭고 아기자기한 우리의 산천과 수목이 제 빛깔을 내도록 그는 약간 수줍고 진지한 눈빛으로 '카메라'를 들이댄다. 그렇게 그의 사진은 관광사진이나 낯선 고장을 짜릿하게 제시하는 수법을 넘어 우리네 정취의 참다운 맛을 찾으려 한다. 이제 예전처럼 사진으로 볼 때와는 판이한 경관에 실망하거나 할 일은 없다. 작가가 예약해 둔 그 현장의 생동감에 대한 기대를 안고서 여로에 오를 수 있기 때문이다.

정 진 국(경일대학교 사진영상학부 초빙교수)

차 례

그대 마음에 와 닿을 수 있는 것은

나무도 아니고 강물이나 동물도 아니다.

그대 마음에 위로가 되는 것은

오로지 그대와 같은 존재들뿐이리라.

—헤르만 헤세

비둘기호, 정선선.

시속 40킬로미터의 속도로 달리는 마지막 비둘기호.

손님이 적을 때는 객차 한 량만 달고 다니는 꼬마열차지만,

통학생, 장에 가는 마을 사람들에게는

아주 요긴한 교통수단이다.

열차가 정차하면 때로는 잠자리가 날아들기도 하는 이 열차는,

지난 2000년 역사의 뒤안길로 사라지고

통일호 열차가 그 자리를 대신했다.

비둘기호 정선선

율도국의 숨결, 위도

시람들은 아주 오래 전부터 수많은 이상향을 꿈꾸어왔다. 그것
은 그만큼 인간의 삶이 힘들고 고달팠다는 것을 보여주는 증거이
기도 할 것이다. 그런데 우리에게는 잘 알려지지 않았지만 이상
향의 실제 모델이 되었던 곳이 있다. 전북 부안군에 속한 위도는
허균의 『홍길동전』에 나오는 이상국가 율도국의 무대가 되었던
곳이다. 홍길동은 육지에서의 꿈을 접고 섬에서 그의 이상국가를
건설하려고 했다. 그때 그의 눈에 띈 것이 바로 위도였다. 위도는
당시 중국이나 조선 본토에서도 독립한 국가였다. 이곳은 대대로
덕의 정치를 베풀어 백성들이 풍족하고 평화로운 삶을 사는 곳이
었다. 홍길동은 여기가 그의 꿈을 펼치기에 가장 적합한 장소라
고 생각하고 무리를 이끌고 와서 이곳에 정착하였다. 그리고 이

곳 위도에서 오랫동안 이상정치를 펼쳐 그가 꿈꿔왔던 이상향을 만들게 되었다.

위도에 와보면 홍길동이 이곳을 선택한 이유를 어느 정도 짐작하게 된다. 우선 이곳은 주변이 청정해역이라 수산물이 풍족하게 난다. 주로 새우, 멸치 등을 많이 잡는데, 예전에는 조기파시가 열릴 만큼 조기어장으로도 유명했던 곳이다. 요즘은 김 양식도 잘 되어서 섬의 여러 군데에서 김 양식 하는 것을 볼 수 있다. 또한 이곳 사람들은 예로부터 인심 좋기로 유명해서, 지나가는 나그네에게 스스럼없이 식사와 잠자리를 제공하는 데 거리낌이 없다. 쪽빛 바다와 그 위에 떠 있는 주변이 섬들, 깎아지른 절벽과 울창한 해송 숲들이 만들어내는 풍경이 절로 감탄사가 나올 만큼 빼어나게 아름답다. 여기저기 모여 있는 마을과 한가롭게 떠 있는 배들, 드넓게 펼쳐진 갯벌과 멀리 보이는 등대들이 무척 정겨운 것도 빼놓을 수 없다.

선착장에서 꽤 떨어진 곳에 치도리마을이 있다. 마을 사람들이 기다란 그물에다 김의 종자라 할 수 있는 김 포자를 매다는 작업을 한창 하고 있었다. 오늘은 서춘석 씨(45세)의 양식장에 그물을 걸 거라고 한다. 작업은 우선 땅바닥에 그물을 깔아놓고 김 포자를 발라놓은 전복 껍데기를 비닐에 싸서 그물에다 총총히 매다는 것이었다. "이렇게 다 매고 나면 그물을 둘둘 말아서 배에 싣고

뻘로 나가요. 저그 뻘에 장대들 보이죠. 저것들 사이에다가 쭉 펼쳐놓으면 되요." 햇볕과 바닷바람에 적갈색으로 그을린 서춘석 씨가 멀리 보이는 양식장을 가리킨다. 햇빛 가득한 갯벌 위의 김 양식장에서 그물을 장대 사이에 설치하는 광경은 사람들이 햇빛에 완전히 둘러싸여 묻혀버린 듯 몽환적이기까지 하다.

파장금마을에서 벌금마을로 가는 길에 들렀던 한 집에서는 요즘 보기 힘든 돌로 쌓은 담을 볼 수 있었다. 최준후 씨(62세)네는 그렇게 담을 쌓아 해풍을 막으면서 대문도 달지 않고 살아가고 있었는데, 마당에서는 할아버지가 그물을 손질하고 그 옆에서는 손녀가 그물을 가지고 장난치느라 정신이 없었다. 그걸로 새우를 잡으실 거라는데, 그물 위를 뛰어다니고 잡아당기고 하는 손녀를 그냥 내버려두었다. "요즘은 옛날만큼 고기가 많이 안 잡히제. 방조제 공사 땜시 물이 많이 더러워졌응게 안 그라요." 최준후 씨 얼굴에 한 줄기 수심이 스쳐 지나갔다. 부안에서 군산에 이르는 거대한 간척사업인 새만금방조제 공사 때문에 이곳의 수질이 차츰 나빠지고 있다는 것이다. 방조제 때문에 조류의 흐름이 원활하지 않아서 밀물 때 밀려온 오물이 썰물 때 잘 쓸려 나가지 않는 것이다. 이런 현상은 변산반도 일대에서 공통적으로 나타나 입고 있는 피해로, 어떤 곳은 양식장이 완전히 폐기된 곳도 있다. 그나마 방조제 공사가 현재는 중단이 된 상태이지만 이미 그 피해는

쉽사리 돌이킬 수 없는 상태가 된 듯하다.

　홍길동이 꿈꾸었던 이상향의 섬 위도가 무분별한 개발로 파괴되지 않고 현대의 율도국으로 계속 남아주었으면 하는 마음이 간절해졌다. 2003년 여름 현재, 위도는 방사성폐기물처리장 문제로 몸살을 앓고 있다. 위도 사람들이 부디 행복하기를 바랄 뿐이다.

제주바다 새끼섬, 우도

"열네 살인가, 그때 배웠지. 밭에서 일하다가 물질하러 나가고 했어. 어렸을 땐 멋모르고 했지. 참 하기 싫을 때도 많았고. 그땐 날이 추워지면 일하기 힘들었지. 제주 여자들은 다 그렇게 살았어." 바다에 물질 나갔다 돌아온 고순자 씨(65세)는 잠수복을 입은 그대로 해초를 널고 있었다. 골목길은 차도 안 다녀서 해초 널기에는 그만이었다. 천추라고 했다. 한천 만드는 데 쓰는 것이다. 그녀의 머리는 아직 덜 말라 있었다. 잠수복에서도 간간이 물이 떨어졌다. 바다 냄새가 물씬 풍겼다. 뭍에 올라와서도 바다를 몸에서 떨어내지 못하고 있었다.

제주도의 새끼섬인 우도에는 제주의 어느 곳에서나 마찬가지로 해녀들이 많이 산다. 그들은 어려서부터 해녀 일을 시작해서

아주 나이가 많이 들 때까지 그 일을 한다. 그들은 해녀로 태어나서 평생을 해녀로 산다. 고순자 씨가 그나마 몸을 씻은 것은 그렇게 천추를 다 널고 나서였다. 그러고는 집 안에 있는 작은 창고에 들어가 옷을 갈아입고 나왔다. 연세도 많은데 힘드시지 않느냐고 하자 손을 내젓는다. "하이고, 나는 많은 축도 아냐. 옆 동네 이동에는 일흔여덟 된 사람도 있어. 그래도 그 할머니 젊은 사람 못잖게 잘해. 물질이란 게 기술로 하는 거지 힘으로 하는 게 아니거든." 말씀으로 봐선 일흔 정도는 넘겨서도 충분히 물질을 할 것 같다. 어쩌면 우리나라 최고령 해녀가 될 수 있을지 모른다. "인제 천추 끝나면 그 다음에는 소라, 오븐재기(전복의 일종), 밤생이(성게) 이렇게 하지. 요즘은 고무옷이 돼나서 겨울에도 계속하지. 아주 추우면 못 하지만."

　내일 아침에 물질을 나가실 거라고 해서 그때 다시 만나기로 하고 댁을 나왔다. 잠잘 곳을 찾아야 돼서 동네에 있는 민박집을 찾아가는 길에 다른 해녀 한 분을 만났다. 양옥분 씨(66세)는 내일 물질 나갈 준비를 하고 있었다. 섬에서 사는 데 불편한 점은 없는지 물어보았다. "섬엔 물이 젤 문제지. 옛날엔 집 안에 통을 재냥(설치)해 두고 빗물을 받아먹었지. 그걸 끓여 먹으면 아무 탈 없어. 요샌 갱물(바닷물)을 민물로 만드는 게 섬에 있어서 참 좋게 나와. 그래서 생활이 옛날보다 훨씬 좋아졌어." 우도는 바닷물을

민물로 바꿔주는 담수화 시설이 되어 있어서 집집마다 상수도가 나온다. 전기는 그보다 훨씬 전에 들어왔는데 처음에는 동네마다 발전기를 돌렸다. 그런데 이것이 하루에도 몇 번씩 정전이 되어서 속을 썩였는데 나중에 제주에서 해저 케이블로 전기를 끌어쓰면서 이제는 많이 좋아졌다. "근데 요샌 옛날 같지 않아서 일이 좀 힘들어. 결핵 증상 땜에 폐가 안 좋아서 숨결이 바쁘거든. 그래도 내일 일은 나갈 거야." 벌써 어둠이 서서히 내려앉고 있었다.

이튿날 아침 해녀들이 작업하는 시간에 맞춰 바닷가로 나갔다. 파란 하늘 아래 바다까지 일직선으로 길게 뻗은 길이 있었다. 길 옆으로는 나지막한 돌담이 있고, 그 너머 밭에는 땅콩밭, 고구마밭이 펼쳐졌다. 우도에서는 여름이면 땅콩과 고구마를, 겨울에는 마늘과 보리를 많이 심는다. 요새는 수익이 높은 땅콩을 많이 재배하고 있다. 땅콩의 파란 잎들이 끝나는 곳에 해녀들이 작업을 준비하는 창고가 있었다. 물때가 많이 늦어져서 정오가 가까운 시각이었다. 김옥화 씨(65세)가 남들보다 먼저 나와 있었다. 고무옷을 입고, 귀에는 물 들어가지 말라고 고무도 끼워넣고, 건져올린 해산물을 담을 망태와 물안경도 챙기던 그녀가 허리춤에서 하얀 약봉지를 꺼냈다. "머리 아프고 심장이 약해져서 먹는 약이지. 노루모선, 콘택 육백, 에프티린 같은 거야. 고무옷 입고 물에 오

래 있으니까 이런 걸 먹어야 견딜 수 있어" 하면서 가루약을 입
안에 털어넣었다. 보통 서너 시간을 물에 있는데, 물질하는 것은
이렇게 어려운 일이다.

이윽고 마을의 해녀들이 하나 둘 모이기 시작했다. 모두 40명
가까이 된다고 하는데 지금은 한 20명 정도가 모였다. 채비를 마
치고 검은 바위가 양편에 넓게 펼쳐진 길을 따라 바다로 향했다.
바닷물은 믿어지지 않을 정도로 깨끗했는데 꼭 맑은 계곡의 물을 보고 있는 것 같은 착각에 빠지게 했다. 물 안에는 벌써 해녀 한 명이 들어가 있었다. 그런데 아직 물질을 하지는 않고 물 속에서 잠수복을 갈아입는 것 같았다. 왜 그렇게 하느냐고 물으니 날이 너무 더워서 물 안에서 갈아입는다는 것이었다.

이윽고 검은 해녀복에 물갈퀴를 하고 물안경을 한 해녀들이 물 속으로 자맥질을 시작했다. 스티로폴이 든 망태를 잡고 있다가 머리를 앞으로 해서 고꾸라질 듯이 물 속으로 들어가며 발을 저어댔다. 그러면 물 속으로 들어가게 되는데, 한 2~3분은 거뜬히 숨도 안 쉬고 잠수를 하는 것 같았다. 저 물 안은 얼마나 맑은 세상일까. 문득 나도 물 아으로 들어가고 싶어졌다. 하지만 저들은 그 안에서 전복을 따고 해초를 캐느라 가쁜 숨을 참고 있을 것이다. 갑자기 "휘휘" 하고 마치 휘파람 부는 듯한 소리가 들려왔다. 방금 물에서 나온 해녀가 내는 소리였다. 이제 막 물에 들어가려는 해녀에게 물어보니, 숨이 가빠서 숨을 고르려고 내는 '숨비소리'라고 한다. 넓은 바다에서 휘파람 소리가 그렇게 크게 울리다니. 이제 다른 해녀들도 숨이 가빠올 때가 되었는지 여기저기서 숨비소리가 들렸다. 바다는 이제 숨비소리로 가득 찼다.

혹성 탐험, 태안반도 의항리

어째 좀 위태위태하더니 결국엔 발이 빠지고 말았다. 차가운 물이 운동화 안으로 스며들었다. 의항리 갯벌은 그렇게 나를 맞아들였다. 앞서가는 그이를 몇 번이나 더 불렀을 때에야 멈춰 섰다. 옅은 회색으로 번들거리는 갯벌 위에서 무언가를 찾으며 돌아다니는 사람을 보고 무작정 달려온 터다. 조개껍데기를 온통 뒤집어쓴 하얀 돌멩이들이 즐비한 갯벌은 꼭 외계의 어느 혹성에 온 듯한 기분을 들게 했다. 멈춰 선 아저씨는 갯벌을 파기 시작했다.

낙지를 잡고 있다고 했다. 갯벌 바닥에 난 구멍으로 놈이 있는 곳을 찾아내서는 그곳을 파낸다고 한다. 작은 호미로 갯벌을 파들어가는데, 흙이 얼마나 찐득찐득한지 여간 힘들어 보이지 않는

다. 게다가 조금만 파면 물이 고이기 시작하는데 그러면 바가지
로 그걸 또 퍼내야 한다. 벌써 꽤 많이 팠는데도 낙지는커녕 낙지
다리도 안 보이는 것이 영 글러버린 것 같다. 그런데도 김영재 씨
(63세)는 여간해서 포기하지 않는다. 아마 더 파들어가야 하는 건
가 보다. "맘먹고 잘 들어가야 구멍 하나에 하나 잡고 안 그럼 못
잡고. 이것도 생명인디 살라고 기어 들어가는 걸." 그렇게 악착같
이 살려고 발버둥치는 낙지와 아저씨 간의 승부는 한참이나 계속

되었다. 승부는 대개 아저씨의 승리로 끝났지만. 예전에는 이 바다에서 조기며 민어를 잡았다. 조기를 하루에 2천 마리까지 잡기도 했다는데, 이제는 근처의 새만금방조제가 온통 바다를 막아버려서 어림없는 일이 되어버렸다.

우여곡절 끝에 다시 갯벌을 나와서 뻘 위에 바닥을 대고 있는 배들이 있는 곳으로 갔다. 긴 밧줄을 이용해서 배에다 생선을 싣고 있는 두 사람. 제주도에서 두 달 전에 이곳으로 왔다는 정기진 씨(34세)와 김대현 씨(37세). 꽃게잡이에 쓸 고등어를 배에 싣고 있었다. 이걸 토막내어 통발 안에 넣어두면 꽃게가 꼬여든다고 한다. "여기 꽃게잡이가 좋다 해서 왔어요. 근데 9월 말에 크게 나고 요새는 많이 안 나네요. 시세는 요새 1킬로에 2만 원씩 하는데 사실 2만 5천 원은 되야죠. 한 40킬로그램씩 잡고 하는데 기름값에다 인건비 빼면 남는 것도 없어요." 정기진 씨는 일 주일에 2~3일 정도 조업을 나간다. 보통 새벽 4시에 나가서 오후 4~5시에 들어오는데, 고기가 잘 잡히는 날은 그보다 일찍 들어오기도 한다. 하지만 그물이 엉키기라도 하면 더 늦게 들어오는 날도 있다. 보통 한 배에 네댓 명이 타고 나가서 통발을 1천 개 이상 띄워놓은 바다에서 꽃게가 걸린 것을 회수하고 다시 미끼를 달아서 떼어놓는 작업을 한다.

두 사람과 한참 이야기를 나누다가 근처에서 아이들이 놀고 있

는 것을 보았다. 여자아이 둘과 남자아이 하나. 수연이(8세)와 수
진이(6세)는 자매간이다. 그런데 수진이는 부끄러움을 많이 타는
아이였다. 다른 아이들은 사진을 찍는 데 별로 스스럼이 없는데
수진이는 자꾸만 언니 수연이의 자전거 뒤로 숨으려고 해서 달래
는데 애를 먹었다. 해질녘이 다 되어서 꽤나 쌀쌀한 날씨였는데
도 아이들은 별로 추운 줄 모르는 듯했다. 바닷가에서 자란 아이

들이라 이 정도 날씨는 아무것도 아닌 모양이다. 사진을 찍고는 자전거를 타기도 하고, 아이들은 한참을 그렇게 놀다가 멀리서 엄마가 부르는 소리가 들려서야 집으로 들어갔다.

작업을 다 끝낸 정기진 씨 일행을 따라가다가 선주인 강태창 씨(40세)를 만났다. 의항리에서 고기잡이를 하는 배는 약 40여 척이 된다. 주로 놀래미, 우럭, 아나고, 까나리를 잡는데 좀 있으면 고둥을 잡을 것이라고 했다. 선원인 정기진 씨와 마찬가지로 강태창 씨도 기름값, 미끼값이 비싸서 조업하기가 힘들다는 말을 했다. 그나마 고기라도 많이 잡히면 좀 할 만한데 요새는 방조제 때문에 별로 잡히지도 않는다고 한다. 그래서 근처 다른 동네는 이미 배들이 많이 철수했다.

벌써 날은 어두워졌는데 멀리서 리어카에 굴을 잔뜩 싣고 오는 사람이 보였다. 그러고 보니 마을 이곳저곳에는 굴 껍데기가 여기저기 흩어져 있었다. 이제 방조제 때문에 굴 양식도 못 하게 되면 이런 광경도 볼 수 없게 될 것이다. 의항리 사람들의 삶의 터전이요, 전부라 할 수 있는 바다가 다시 살아날 수 있었으면, 하는 마음이 간절했다.

송화가루 날리는 곰소 염전

　곰소만으로 접어들 무렵 다리가 나타났다. 조류와 해풍이 갉아먹고 있는 다리. 다리가 가로지르고 있는 바다에는 낡은 목선들이 썰물에 잔잔히 흔들리고 있는데, 비릿한 내음이 바다보다 먼저 다가왔다. 다리를 건너자 잠시 후 오른쪽으로 검은 창고들이 나타났다. 콜타르를 칠한 나무판자를 덧대어서 만들어놓은 집들. 남해의 어느 작은 섬에서 보았던 일본식 가옥을 여기서 다시 보게 될 줄이야. 그 창고들 앞으로 염전이 보였다. 5월의 햇살이 따사로웠다.

　비포장길을 덜컹대며 가다가 처음으로 만난 사람은 45년째 이곳에서 소금을 만들고 있다는 이정근 씨(64세). 우선 특이한 집들에 대해서 물어보았더니 한국전쟁 직후에 지은 것들이라 한다.

살기가 무척 힘들었던 시절 사람들이 산에서 나무를 해다가 기둥
으로 만들어 염전에 판 것들로 이 창고들을 만들었다고 하는데,
나무판자들 위에 띄엄띄엄 덧씌운 양철 조각들은 시뻘겋게 녹이
슬어 있었다. "이것들도 6·25 끝나고 덮어씌운 거여. 그때 뭐 변
변한 것이 있었는가. 못 쓰는 깡통 뚜드려 펴서 쭉 이어놓은 것이
이것이여." 자세히 보니 사이사이 못 자국이 희미하게 남아 있는
것이 아마도 깡통들을 이을 때 썼던 흔적인 듯싶었다. 하기야 옛

날에는 드럼통을 펴서 차도 만들고 했다니까 이 정도는 아무것도 아니었으리라.

우리나라의 천일염전, 그러니까 바닷물을 끌어다가 염전에 가 두어놓고 그것을 증발시켜 소금을 만드는 곳은 서해안에만 있다. 밀물과 썰물이 있는 갯벌을 개간해서 밀물 때 바닷물을 끌어다가 소금을 만드는 방식을 사용하기 때문이다. "염전이란 것이 그냥 평평한 것이 아니제. 칸칸이 한 단 한 단 내려올수록 높이가 쪼금 씩 낮아지는 것이여. 먼저 난치(제1증발지)에서 바닷물을 끌어올 리는데 여그가 6단이여. 그 다음에 루태(제2증발지)로 내려오는데 여그가 4단. 그라고 나서 마지막으로 결정지로 넘어오는데 여그 도 4단이여. 그 사이사이에 물꼬를 막아놨다가 텄다가 막았다 하 제. 원래 바닷물이 염전으로 들어올 때는 비중이 한 2도 정도 되 는데 12일 정도 걸려서 결정지까지 내려오면 비중이 25도까지 올 라가는 거여. 그때가 되야 소금을 걷는 것인디 바닷물 열 말에서 개우 소금 한 되가 나오제." 비중계로 바닷물의 비중을 재시던 이 정근 씨의 설명이었는데, 염전의 하루 일과는 새벽 3시에 시작된 다. 그때 나와서 채렴(소금 거두기)과 소금밭 청소, 물대기를 끝낸 후 아침식사를 하고 소금 포장 작업을 하고 다시 물대기 작업 등. 일은 저녁이나 되어야 끝난다.

이렇게 힘든 작업이다 보니 요즘은 염전 일을 하려는 사람이

거의 없다. 예전에는 85헥타르의 염전에서 많을 때는 1백20명 가까운 사람이 일한 적도 있었지만 요즘은 염전의 면적도 절반으로 줄어들고 인부도 겨우 20명쯤 된다고 한다. "하이고, 되지요. 이것이 상노동이랑께. 비라도 오면 겁나게 바뻐요. 비 오면 해주(염전 바닥을 파고 위에 지붕을 덮은 시설)에다 바닷물을 다 옮겨야 항께." 염전 일을 한 지 올해로 14년이 다 되어간다는 김형보 씨(45

세)는 고개를 설레설레 흔든다.

요즘 우리 주위에서 천일염을 찾기란 무척 힘든 일이다. 대량 생산되는 기계염이 그 자리를 대신하고 있기 때문이다. 하지만 천일염에는 기계염에 없는 요소들도 많다. 갯벌에는 인체에 유익한 미량 요소들이 많이 함유되어 있는 것이다. 그리고 이곳 곰소의 염전이 다른 곳의 염전들보다 더 좋은 품질의 소금을 만드는 비결도 있었는데, 그것은 비중이 30도가 넘는 간수를 폐기 처분하는 것이었다. 간수가 들어가면 소금에서 쓴맛이 나게 되는데, 다른 염전에서는 이것을 그냥 섞어서 쓰기도 하지만 여기서는 소금맛이 떨어진다고 절대로 쓰지 않는다. 그래서 훨씬 담백한 맛을 낼 수 있다. 나도 조금 맛을 보았는데, 약간 비린 맛도 났지만 그것은 갯벌의 바닷물로 만들다 보니 그런 것 같았고 그리 짜지 않고 담백한 맛이 색다르게 느껴졌다.

어느덧 해가 저물 무렵, 긴 그림자를 드리우고 있는 소금 창고 옆에서 술판이 벌어졌다. 힘들고 기나긴 노동 끝에 마시는 술맛이란 정말 꿀맛이리라. 적지 않은 술에 얼굴이 불그레해지신 이 몽룡 씨(63세). "소금이 사람한테 얼매나 소중한 것이여. 소금 일 주일만 안 먹으면 부황이 나고 간에 경기가 생겨서 죽어부러. 옛날에는 양 치고 할 때 양치기들이 뒤에 가방을 메고 다녔제. 그것이 무슨 가방이었는지 아는가. 바로 소금 가방이었당께. 그걸 가지고 다니면서 양한테 멕이고 했던 것이여." 이제 조금 있으면 근처 산에서 송화가루가 날려올 것이고 그것이 섞인 소금은 최상품으로 쳐서 따로 판매한다. 어쩌면 내일쯤엔 염전을 누렇게 물들인 소나무꽃을 볼 수 있을지도 모를 일이다.

자연의 보고, 우포늪

우포늪을 찾아가는 길에는 뻐꾸기가 울고 있었다. 벌써 뻐꾸기가 우는 계절이 되었나 보다. "뻐꾹 뻐꾹" 하는 소리가 얼마나 큰지 한 마리가 우는 것이라고는 도저히 믿기지 않을 정도였다. 뻐꾸기 우는 소리를 마지막으로 들었던 때가 언제인지 생각도 나지 않는데, 이곳에서 그 소리를 다시 듣게 되니 감개무량하기까지 했다. 길 옆의 보리밭에는 벌써 누렇게 익은 보리들이 기분 좋게 바람에 흔들리고 있었는데 멀리 씩씩하게 서 있는 미루나무 몇 그루가 눈에 들어왔다. 그리고 그 뒤로 늪이 보였다. 우포늪이 푸른 하늘빛을 머금고 조용히 누워 있었다.

우포늪은 우리나라에서 가장 큰 자연 늪이다. 그 넓이가 70만 평이 넘는다고 하니 정말 어마어마하게 넓은 곳이다. 늪이 생겨

난 시기도 엄청나게 오래전인데 약 1억 4천만 년 전이라 공룡이 살던 시기와 일치한다. 우리나라에서 살고 있는 생명체의 약 10퍼센트, 1천여 종의 생명체가 살고 있는 이곳은 그야말로 자연의 보고라 할 수 있다. 그래서 습지에 살고 있는 생물의 서식지를 보호하고자 만든 람사조약에 지정을 요청해 놓은 상태이다. 창녕군의 네 개 면에 걸쳐 있는 이 늪은 우포, 목포, 사지포, 쪽지벌의 네 개의 늪지로 이루어져 있는데, 통상 모두를 통틀어서 '우포늪'이라고 부르고 있다. 이 주변의 마을 사람들은 늪과 희로애락을 같이하며 살아가고 있었다.

늪가에는 밭도 많았는데 주로 보리와 마늘이 많이 심어져 있었고, 한창 마늘을 캐고 있는 사람들이 보였다. 그곳으로 가는 길에 옆 마을에 다녀오는 배종분 할머니(72세)를 만났다. 할머니 얘기로는 날이 가물 때는 늪에서 물을 대어 농사를 짓기도 하지만 비가 많이 올 때면 큰 낭패를 보기도 한다고 했다. "우리는 보리농사를 마이 지어. 그런데 보리 숨구(심어)갖고 짜더라 올라올라 카모(올라오려고 하면) 물이 넘쳐가 농사지은 게 다 물에 담고(잠기고) 하이 3년에 한 번이나 제대로 농사를 짓고 살았어." 그나마 요즘은 둑을 쌓아서 사정이 조금 나아지기는 했지만 그래도 항상 비가 많이 올까 봐 걱정이다.

늪에서 조금 떨어진 곳에는 생각지도 않게 목장이 있었다. 사

44

실 목장이라고 하기에는 조금 미안할 정도로 작기도 했지만, 그래도 젖소를 많이 키우고 있으니 목장은 목장인 셈이다. 그곳에 들어섰을 때 마침 소들을 돌보고 있는 종훈이(19세)를 만났다. 읍내 고등학교에 다니는 고 3생. 종훈이는 이 집에서 아버지, 어머니와 함께 살고 있었는데 예전에는 늪에서 미꾸라지며 가물치, 잉어 같은 물고기들을 많이 잡았다고 한다. 하지만 요새는 늪이 생태계 보전지역으로 지정되어 고기잡이를 못 하는 것이 영 아쉬운 모양이다. 종훈이네는 원래 창원에서 목장을 하였다. 그러다가 10년 전에 이곳에 왔다. "처음에 여기 왔을 때는 완전히 오지였어예. 우리 목장 앞에 길도 포장이 안 돼가 오솔길이었고예. 그란데 요새는 사람들도 마이 오고 해가 길도 새로 나고 했지예." 종훈이의 어머니 이옥주 씨(44세)는 그렇지만 그런 변화가 썩 달갑지만은 않은 모양이다.

늪에는 개구리밥과 마름이 물 위에 떠 있고 갈대며 수초들이 우거져 있는데, 그 위로 백로와 왜가리, 물닭, 청둥오리들이 한가로이 먹이를 찾아 날아다니고 있었다. 갈대가 우거진 늪가에 서 있는데 누군가를 부르는 소리가 들려왔다. 그리고 잠시 후 기다란 장대로 노를 저어 오는 배가 보였다. 배 위에는 며느리와 시어머니로 보이는 두 사람이 타고 있었다. 박을순 씨(68세)와 그 며느리였는데 이제 막 늪에서 논고둥과 귀조개를 잡아오는 길이었

고, 아까 부른 사람은 잡아온 것들을 실어 나를 경운기를 운전해
야 할 손자다. 어른 손바닥만한 귀조개를 들어 보이면서 박을순
씨가 하는 말, "이게 와 귀조갠가 하모, 여 봐라. 이 끝이 귀 모양
으로 안 생깄나. 그래가 귀조개라 한다 아이가. 올해는 날이 가물
어가 영 잘 안 잡히네. 이거를 우예 잡는지 아나. 늪에 들어가가
일일이 손으로 다 잡아올린다 아이가." 깊은 곳은 사람 목까지 오
는 깊이인데 그런 곳에서 이것들을 잡으려면 무척 힘든 일일 것

이다. 하지만 소목마을 사람들은 오늘도 그 늪에서 논고둥을 잡
고 귀조개를 잡고 가물면 늪에서 물도 끌어다 쓰고 한편으로는
큰비가 내리지 않기를 간절히 바라며 살고 있을 것이다.

꼬막 캐는 벌교 아낙네

　포장도로와 비포장도로가 번갈아 나 있는 길을 30여 분쯤 달렸
을까. 도로에는 꼬막 껍질들이 하얗게 깔려 있다가 차가 지나갈
때마다 깨지는 소리를 냈다. 바닷물의 유입을 막는 수문을 지나
자 사람 키만한 갈대밭이 나타났다. 바닷물 때문인지 갈대의 색
깔도 더 누렇게 보였는데 불어오는 바람에 서로의 몸을 부대끼며
끝도 없이 펼쳐져 있었다. 왼쪽으로는 족히 4~5미터는 되어 보
이는 둑이 있었는데, 얼마나 긴지 한참을 달려도 끝이 보이지 않
을 정도였다. 옆에 있던 아주머니가 득량만에 다 온 것이라 했다.
　사람들과 함께 차에서 내리니 강한 바람이 불어왔다. 여느 바
람과는 달리 그 속엔 바다 냄새와 갯벌 냄새, 그리고 꼬막 냄새가
섞여 있는 것 같았다. 둑 중간에는 둑 위로 올라가는, 갈지자로

난 길이 있어서 사람들이 그 중의 하나를 타고 있었다. 둑 위로 올라가니 넓디넓은 바다가 펼쳐졌다. 아직은 물때가 아니라 갯벌은 물 아래 숨어 있었는데, 둑 아래 방파제에서는 먼저 온 사람들이 가져온 보퉁이를 풀고 있었다. 방파제 한쪽에는 모닥불도 피워져 있고 아직 시간이 많이 남았는데도 성질 급한 사람들은 장화를 신고 모자를 쓰고 그 위에 다시 수건을 두르고 장갑을 끼고 하며 부산히 움직이고 있었다. 나무판자에 철사가 촘촘히 박힌 것을 모닥불에 그슬리고 있는 광경도 눈에 들어왔다. "이거 말이요. 이것이 채취기제. 이걸로 뻘을 쓸어서 꼬막을 잡는 것이요. 옛날에는 이것도 없이 다 손으로 했당께. 그러니 얼매나 힘이 들었겠소." 박상자 할머니(68세)는 장암리로 시집와서부터 이 일을 하게 되었다고 한다. 열여섯 꽃다운 나이에 시집왔으니 이제 50년이 넘게 꼬막 캐는 일을 하고 있는 거다.

"비가 오나 눈이 오나 꼬막을 캐재. 한 달 내내 있는 것도 아니고 한 달이면 열흘밖에 못 항께. 하루 일당이 4만 원이여. 낭중에 한 달 일한 걸 한꺼번에 다 받는디 딴 사람들보다 적으면 그것이 그리 속이 상항께. 여자들 일하는 게 다들 여간내기가 아니여." 올해 일흔한 살이라는 김보갑 할머니는 연세 때문에 일하시기 힘들지 않느냐고 하자 일 안 하고 집에만 있으면 삭신이 오그라들어서 이렇게 일하는 것이 오히려 건강에 좋다고 한다.

식사를 마치고 조금 지나자 사람들이 하나 둘 자기들 키보다도 더 큰 나무판자들을 머리에 이고 방파제 밑으로 내려가고 있었다. 이것이 바로 갯벌의 이동수단으로 쓰이는 '뻘스키'였다. 뻘스키는 나무판자를 길고 넓적하게 잘라서 가운데에 함지박을 놓을 수 있도록 칸을 만든 것이었다. 바닷물이 언제 그렇게나 많이 빠졌던지 바다는 어느새 시커먼 배를 드러내고 있었다. 갯벌은 무척이나 넓었는데 15헥타르 정도 된다고 했다. 약 15만 평방미터의 넓이인 셈인데, 내 눈으로 직접 이렇게 넓은 갯벌을 본 것은 처음이었다.

뻘스키를 타는 방법은 다음과 같다. 우선 왼쪽 무릎을 뻘스키의 뒤편에 올려놓는데 이것이 방향타의 역할을 한다. 그리고는 오른쪽 다리로 갯벌을 밀며 전진하는 것이다. 이렇게 해서 일단 갯벌로 어느 정도 들어가면 이제 꼬막 캐기에 들어가야 하는데, 꼬막이 많이 있을 것 같은 곳을 찾아 뻘스키의 옆쪽을 몸 앞에 놓고 채취기를 그 뒤에 밀착시켜 두 발로 뻘을 밀며 나가는 것이다. 그러면 뻘의 얇은 곳에 사는 꼬막이 채취기의 철사망에 걸려 올라오게 된다.

뻘스키가 한 번 지나간 자리에는 길고 얇은 고랑이 파이게 되는데, 그 위를 또 밀고 가려면 두 배는 더 힘이 든다고 한다. 표면이 거칠어져서 그런 것 같은데 그래서 비 오는 날이 오히려 일하

기가 편하다는 말이 이해가 되었다. 뻘스키를 밀고 가다가 채취기를 미는 손에 꼬막이 걸리는 느낌이 오면 그 자리에 멈추어서 채취기를 세로로 높이 들어 함지박에 꼬막을 털어내고 다시 뻘스키를 밀고 나가고 하는 작업이 계속 반복되었다. 이윽고 두 개의 함지박이 가득 차게 되면 뻘 한가운데에 떠 있는 바지선으로 간다. 그곳은 꼬막에 묻은 개흙을 바닷물로 대충 씻어내고 포장을 하는 곳이었다.

바지선의 갑판으로 올라서자, 바닷물을 끌어오는 데 쓰는 모터 소리와 컨베이어 벨트 돌아가는 소리가 요란한 가운데 예닐곱 명의 사람들이 한쪽에선 함지박을 받아 올려서 레미콘같이 생긴 기계의 구멍 속으로 꼬막을 쏟아붓고 다른 쪽에선 기계에서 나오는 꼬막들을 나일론 줄로 엮은 망에 담느라 매우 바쁘게 움직이고 있었다. 꼬막을 싣고 온 사람들은 갑판 위로 꼬막을 옮겨주고 나서는 일하느라 생긴 갈증 탓에 물을 청하기도 했는데, 사발에 담긴 물을 시키면 개흙이 묻은 장갑을 낀 채 그대로 받아 마시니 물에 흙을 타서 마시는 셈이었다. 그들에게 이 흙은 결코 더럽다고 멀리할 것이 아니었다. 그 흙이 꼬막을 키워내고 그들 또한 키웠기 때문이다. 개흙을 온몸에 묻힌 채 꼬막을 캐고 이제 그 흙을 먹기까지 하면서 벌교 여인네들은 갯벌의 자식이 되어 있었다.

법성포 앞바다에 눈이 내리다

항구가 다가왔다. 생선 비린내가 허파를 가득 채웠다. 갯벌에 엎드려 있는 배들, 그 위에 걸린 깃발이 펄럭이고 있었다. 바다가 잿빛의 배를 드러내고 달려왔다. 간간이 날리는 눈발이 이 황량한 풍경에 온기를 불어넣었다.

그 눈발을 맞으며 출항 준비를 하는 배가 있었다. 40톤급 유자망 어선 태흥호. 선원 열한 명의 이 배는 지금 굴비에 쓸 조기를 잡으러 나가는 길이다. 조업을 하게 될 곳은 놀랍게도 제주도 앞바다 동중국해 부근인데, 그곳은 도착하는 데에만 꼬박 사흘이 걸린다. "요즘은 겨울이라 수온이 낮응께 고기들이 먼바다에 있지라. 이렇게 한 번 나가면 한 사리(보름)나 돼서 돌아오제." 조깃배 탄 지 10년이 다 되어간다는 선원 김흥주 씨(36세). 어느새 배

는 항구에 묶어놓았던 밧줄을 풀고 서서히 움직이기 시작했다.
아직 밝은 낮인데도 고기 잡을 때 쓰는 집어등을 환히 밝힌 채.

　마침 출항 절차 때문에 항구에 나와 있던 출입항 신고소 안길
웅 소장(43세)에게서 이곳 법성포항의 조기잡이 배들에 대해 자
세히 들을 수 있었다. 법성포항에는 방금 떠난 태흥호 외에도 조
기만 잡는 배들이 10여 척 더 있다. 이 배들은 모두 40톤에서 60톤
가량의 배들인데 이렇게 큰 배들만이 저 멀리 동중국해까지 갈

수 있기 때문이란다. "9월에서 4월까지 조기를 잡지요. 여름에는 어선과 어구 손질을 하면서 쉬고요. 이제 봄이 되면 작은 배들도 칠산 앞바다에 나가서 조기를 잡아올 겁니다."

법성포 앞바다에 일곱 개의 섬이 보인다고 붙인 이름이 칠산 바다. 난류성 어종인 조기는 동중국 해역에서 월동을 한 후 해빙기가 되면 산란을 하기 위하여 연평도까지 북상하는데, 도중에 법성포 근해 칠산 앞바다에서 4월경에 산란을 하며 이때 잡히는 조기가 알이 들어 있어 맛이 좋고 영양가도 풍부해서 옛날에는 임금님 수라상에 오른 명품이다.

항구에는 굴비를 만드는 곳도 많이 있었다. 그 중의 하나인 구연수 씨(56세)의 작업장에 가보았다. 작업장 바닥에는 족히 수천 마리는 되어 보이는 조기들이 있고, 10여 명의 아낙네들이 그것을 엮고 있는 것이 먼저 눈에 들어왔다. "이것을 그냥 아무렇게나 엮는 것이 아니제. 크기를 봐서 엮는디 큰 놈은 열 개씩, 작은 놈은 스무 개씩. 잘못 엮으면 풀어징께 단단히 매줘야 혀." 어렸을 적부터 굴비 만드는 일을 해왔다는 이금자 할머니(63세)는 젊은 사람 못지않게 손이 무척 빨랐다. 하지만 하루 종일 쪼그려 앉아 굴비를 엮는 것이 그리 쉬운 일은 아닌 듯했는데, 이렇게 일을 하고 집에 가면 온몸에 파스 붙이기 바쁘다고 하신다. 수북이 쌓여 있는 조기 더미에서 하나씩 골라내어 줄에 엮다 보면 어느새 한

두름이 되고 그렇게 엮은 조기를 남정네들이 양손에 가득 들고 깨끗한 물이 들어 있는 커다란 통에서 세척을 하였다.

굴비를 만드는 과정을 구연수 씨가 자세히 설명해 주었다. "조기를 잡아 오면 우선 염장을 하지요. 이때 쓰는 소금은 천일염인데 1년 이상 저장해서 간수(소금의 수분)가 빠진 걸로 간을 해서 15~40시간을 재워두었다가 염도가 낮은 염수에 4~5회 정도 세척을 해요. 그리고 나서 열 마리나 스무 마리씩 엮어서 맑은 물로 세척을 한 후에 건조를 해요." 그런데 법성포는 밤과 낮의 습도 차이가 많이 나서 습도가 낮은 낮에 건조가 되고 습도가 높은 밤에는 굴비 내부의 수분이 외부로 확산되는 숙성효과를 내는 천연의 기후 조건을 갖추고 있다. 그래서 건조 과정에서 부패가 없고 맛이 뛰어나다.

"옛날엔 무지무지 났제. 굴비 하면 영광 아닌가. 각처에서 나가는 게 다 여기서 났응께. 근디 요샌 흑산도, 제주도에서 많이 잡아오제." 항구의 가게 주인 송수남 할아버지(74세)의 말이다. 할아버지는 어선에서 쓰는 선구를 파는 가게를 하고 있었다. 낚싯바늘, 그물 등속의 갖가지 어구들이 빼곡이 쌓여 있는 가게에 잠시 자리를 청하고 앉았다. 간간이 내리던 눈은 어느새 함박눈으로 바뀌어가고 있었다. 하얀 눈에서는 굴비 냄새가 나는 듯했다.

안개 속 고창 뻘

바다에 도착한 시각은 새벽 6시. 아직도 시커먼 바다를 보고 있는데 뒤에서 경운기 소리가 들려왔다. 잠시 후에 바다에 들어갈 거라는데 경운기 뒤에는 네 명의 아주머니들이 타고 있었다. "바지락은 1년 내내 캐지요. 근디 오늘은 조금(바닷물이 적게 빠지는 시기) 때라 많이 캐지는 못할 것이요. 사리(바닷물이 많이 빠지는 시기) 때나 되야 작업시간도 길고 해서 좀 많이 캐지라." 경운기를 몰고 온 권오진 씨(33세)가 담배를 피우며 얘기해 주었다. 경운기 뒤에 탄 아주머니들은 그야말로 머리끝에서 발끝까지 중무장을 했다. 서서히 날이 밝아오자 뻘이 모습을 드러냈다. 그 위로는 온통 안개가 뒤덮여 있었다. 그 안개를 향해 사람들이 출발했다.

잠시 후 박흥식 씨(36세)가 나오고 나는 그의 트럭을 타고 함께

바다로 출발했다. 트럭 뒤에는 역시 예닐곱 명의 아주머니들이
타고 있었다. 신기하게도 그 무거운 트럭이 잘도 뻘을 달려갔다.
먼저 도착한 사람들이 조금 떨어진 뻘에 앉아 있는 것이 보이고
막 도착한 이들이 그곳으로 걸어갔다. 모두 뻘을 긁어낼 갈고리
와 바지락을 담을 그물망을 들고 있었다. 긴 갈고리로 바닥을 긁
어대자 꼭 방울토마토만한 크기의 바지락들이 모습을 드러냈다.
"뻘에 구멍 뚫린 거 있지라. 이것이 바지락 숨구멍이요. 이 밑에

바지락이 숨어 있당께요." 막 허리를 편 신연자 씨(46세)가 말했다. 충청도가 고향이라는 이이는 시집와서부터 이 일을 했다. 그러니 벌써 20년 넘게 바지락을 캐고 있는 것이다. 오늘은 아침 5시 40분에 아침도 못 먹고 나온 길이다.

바지락을 캐는 일에도 어느 정도 작업 분화가 이루어지고 있었는데, 우선 갈고리로 바닥을 긁어 캐는 사람이 있고 그걸 모아서 망에다 담는 사람 그리고 마지막으로 운반과 세척을 맡은 사람이 다 따로였다. "1년 내내 작업을 하는디 여름에 젤 많이 캐지라. 겨울이 젤 고생스럽고. 그땐 땅이 얼어뿔께 그거 녹일라꼬 지푸라기에 불 붙여서 땅 녹이기도 하고 경운기로 땅 깨기도 하고 그러요. 머니머니해도 여기 바람이 엄청낭께 날 추우면 참말로 고생이어라." 신연자 씨 옆에서 같이 바지락을 캐던 이성림 씨(42세) 말따나 이제 조금 더 있으면 겨울이고 그땐 이 바다 위로 칼바람이 몰아칠 텐데 그 위에 쪼그리고 앉아서 일을 한다는 것이 정말 고역일 거라는 생각이 들었다. 이들이 이렇게 바지락을 캐면 한 포대에 3천~5천 원 정도를 받는데 하루 일당이 5만 원쯤 된다.

고창의 바지락에 대해서 박흥식 씨에게 물어보았다. "우리 하전마을이 전국에서 바지락을 최고로 많이 캐요. 근디 고창 바지락은 국물맛이 진하기로 유명해요. 글고 바지락은 뻘 상태가 젤

중요한디 여기 뻘이 딴 데에 비해서 많이 좋아 끓여놔도 향이 좋
당께요." 고창 갯벌은 국내 최대의 갯벌로 약 5백 헥타르(1백50만
평)에 이른다. 이곳의 뻘은 넓기는 하지만 유속이 빨라서 치폐(새
끼조개)가 자리를 잡지 못한다. 그래서 치폐는 충청도에서 사와서
뿌려준다. 치폐를 넣고 나서 1년 반이 지나면 채취를 한다. 바지
락은 1년 내내 생산이 가능하다. 박흥식 씨의 말에 따르면 연중
생산량이 1백억대가 넘으며 하루 평균 10~15톤의 바지락을 생
산하고 있다고 한다.

시계가 극히 짧아져서 약 5미터 정도밖에 안 되는 것 같은데
갯벌을 오가는 사람들은 안개를 몰고 다니는 것같이 보였다. 손
과 얼굴에도 안개가 척척 묻어왔다. 갑자기 사람들의 손놀림이
바빠지기 시작했다. 이제 바닷물이 들어올 때란다. 몇 년 전에는
물때에 늦어서 트럭이 물에 잠겨버린 일도 있었다고 했다. 잠시
후 사람들이 모두 경운기 주위로 모여들었다. 트럭은 이미 망에
담긴 바지락으로 가득하니, 경운기를 타고 나갈 수밖에 없다. 먼
저 트럭이 출발하고 그 뒤를 경운기가 따라왔다. 어느새 길에는
바닷물이 조금씩 들어오고 있었다. 갈매기들이 길에 앉아 있다가
화들짝 놀라 날아오르기 시작했다.

트럭 운전석 옆에 앉은 박흥식 씨가 갯벌을 보면서 얘기했다.
"뻘이 참 희한해요. 금방 썩었다가도 금방 다시 살아나고 그래요.

여름에 폐사되어 땅이 썩어가지고 새까맣게 되도 다음에 또 땅이 좋아져요. 바가 안 온다거나 태풍 때문에 땅이 유실되거나 해도 또 살아나거든요." 그렇게 강인한 생명력을 지닌 고창 갯벌이 문득 경이롭게 느껴지는 순간이었다.

안흥항 꽃게와 갈매기

　항구는 짙은 안개에 싸여 있었다. 바다에 이렇게 뿌연 안개가 낄 수 있다니. 아까부터 창 밖으로 펼쳐지는 풍경에 처음에는 혹시 산불이 아닌가 의심하기도 했다. 그래서 항구에 닿으면 없어지겠거니 했는데 막상 도착해 보니 훨씬 더 심한 게 아닌가. 약 5미터 앞을 분간할 수 없을 정도였다. 안개가 얼굴에 척척 감겨왔다. 미세한 물분자가 터지는 것을 느낄 수 있었다. 왠지 상쾌한 기분이 들었다. 안개에선 짠내가 났다.

　갑판에서 어구를 손질하는 사람들이 있었다. 배로 옮겨 타기로 했다. 물결에 이리저리 흔들리는 배에 올라타려니 조금 위태롭기도 했지만 겨우 균형을 잡아 올라탔다. 네 사람이 굵은 밧줄같이 생긴 것을 손보고 있었다. 꽃게 그물을 끌어올릴 때 쓰는 밧줄이라고 했다. 지금이 꽃게가 한창 잡힐 때인데 앞으로 한 달간은 계속 그럴 거란다. "이 배가 8노트짜리인데 이거 타고 한 세 시간에서 여섯 시간 바다로 나가서는 거기다가 그물을 쳐놓는 거지요. 게는 수심이 30미터 정도 되는 데 있는데 이놈이 낮에는 모래 속에 숨어 있다가 밤이면 밖으로 나와요. 그때 그물에 걸리는 거죠." 꽃게잡이 20년째라는 김형수 씨(45세)의 얘기다. 꽃게는 봄철과 가을철에 주로 잡히는데 그중에서도 봄철에 나는 꽃게가 제일 맛있다고 한다. 이때가 산란기라 암컷의 등짝을 떼어내 보면 알이 빼곡이 들어차 있다는 것이다.

배에서 내려오니 포구에서 새참을 먹고 있는 사람들이 있었다. 열 명이 넘는 사람들은 모두 자장면을 먹고 있었다. 근처에서 배달을 시킨 것이라고 했다. 옆에는 페트병에 담긴 소주도 있었다. 곤쟁이 하역 작업을 하다가 잠시 쉬는 것이란다. 곤쟁이는 작은 새우의 일종이다. "일이 힘들다 보니까 이렇게 든든하게 먹어두지 않으면 허기가 져서 일을 못 한다 아입니까. 같이 앉아서 한 그릇 묵지요" 하고 권한다. 별로 배가 고프지는 않았지만 항구에 앉아 자장면 먹는 재미도 괜찮을 것 같아 옆에 같이 앉기로 했다. 방금 나에게 자장면을 권한 이기섭 씨(38세)는 부산이 고향이라고 했다. 전라도에서 온 사람, 충청도에서 온 사람, 강원도 사람도 있었다. 곤쟁이를 잡으려면 50마일 밖으로 나가야 한다. 10노

트 속도의 배로 4~5시간 걸리는 거리다. 이들이 타는 배는 근해 안강망으로 등록이 되어 있다. 한 번 나가면 5~7일이 걸리기 때문에 무척이나 힘이 드는 일이다. 조금 더 긴 얘기를 나누고 싶었지만 사람들은 소주로 입가심을 하고 담배를 한 대씩 피우고는 곧바로 작업에 들어가는 것이었다. 정박해 있는 배의 냉동창고에서 박스 모양으로 냉동이 된 곤쟁이가 컨베이어 벨트에 실려서 올라오면 육지의 냉동차에 옮겨 싣는 작업이었다.

선창에서 올라오는 곤쟁이도 엘리베이터같이 생긴 기계에 실려 계속 올라왔는데 허술하게 생긴 기계에서 떨어지지 않고 잘도 올라가는 것이 신기하기까지 했다. 이렇게 싣고 나면 이 차는 또다시 육지의 냉동창고로 옮겨가거나 다른 대도시의 수산시장으로 먼 길을 떠날 것이다.

항구에 정박한 배의 돛대 위로 갈매기가 날아들었다. 어렸을 적 우리 동네 바닷가에서 하루는 커다란 갈매기가 잡혀왔다. 아마도 어딘가가 다쳐서 잡힌 것이리라. 그놈을 동네 마당에 잡아 놓았는데 날개를 펴고 날아오르려고 할 때마다 엄청난 크기와 기세에 놀랐던 기억이 있다. 그때 나의 어린 마음으로는 거대한 독수리를 보는 듯한 느낌이었다. 혹은 어린아이를 물어 나르기도 한다는 콘도르를 상상하기도 했던 것 같다. 그때의 갈매기들은 이제 너무나 초라하고 작은 모습으로 돛대 위나 한가롭게 나는

모습으로 나타났다. 무언가 잃어버린 듯한 마음에 조금은 기분이
씁쓸해졌다.

밥탐 많은 오징어를 유혹하는 후포항

　　장마철의 하늘은 잔뜩 흐려 있었다. 한바탕 비라도 뿌릴 듯했지만 비는 오지 않고 볕이 없어 시원한 것이 오히려 낫다는 생각이 들었다. 바다도 덩달아 회색이었다. 이제 조금 있으면 저 바다로 수많은 배들이 오징어를 잡으러 나갈 것이다. 깊은 바다에서 빛을 발하며 유유히 헤엄치고 있을 그놈들을 잡기 위해.

　　오징어 잡는 배는 척 보면 한눈에 알 수 있다. 커다란 전구(집어등)가 주렁주렁 달린 배를 보면 그건 십중팔구 '오징어바리' 배이다. 후포항에 도착했을 때도 쉽게 찾을 수 있었다. 50톤급 오징어잡이 어선 운영호. 배 위에서는 대여섯 사람이 한창 모래주머니를 뱃머리에 싣는 중이었다. 배에다 그런 걸 왜 싣는지 궁금해서 물어보았다. "아, 이거요. 배 뒤에다 뭘 많이 실으이 뒤쪽이 무거워가요. 그래가 앞에다 이래 실아조야 앞으로 안 들리지요." 이 배의 기관사 김종섭 씨(45세)의 설명이다. 조금 선선한 날이지만 꽤 무거워 보이는 모래주머니를 뱃머리의 창고에 채워넣느라 사람들의 몸은 온통 땀으로 흥건했다. 모래주머니 하나가 20킬로그램인데 그걸 4백 개나 실을 거란다. 잠시 쉬는 틈을 타서 배의 집어등에 대해 물어보았다. 전구 하나의 밝기가 1천5백 와트. 이 배에는 2백40개의 전구가 달려 있다. 다 합치면 무려 36만 와트. 상상이 안 가는 밝기이다. 캄캄한 바다에 불을 켜면 주광성 생물인 오징어들이 그야말로 환장을 할 만도 하다. 밤에 뭍의 사람들이 멀리서 보기에도 엄청나게 밝지 않은가.

오징어는 7월부터 11월까지 많이 잡히는데 그중에서도 여름이 제철이다. 이 배가 조업을 위해 열 시간이나 바다로 나가 도착하는 곳은 울릉도 서해 1백 마일 부근. 멀리 갈 때는 하루 종일 걸려 러시아 근해인 북대화퇴까지 간다. "오징어가 밥탐을 마이 한다 캐요. 불 키놓고 낚수를 밑에 내리모 이게 미끼인 줄 알고 물다 보머 열 다리 중에 어느 하나는 물린다꼬요." 오징어들은 미끼도 달지 않은 채 물 안에서 밝게 빛나는 낚싯바늘을 자기 밥인 줄 알고 달려든다고 선원 김영기 씨(38세)가 설명한다.

가까운 어시장에서 살아 있는 오징어를 볼 수 있었다. 그리 크지도 작지도 않은 딱 적당한 크기의 어시장에는 한 스무 개나 될

가게들이 있었다. 도다리, 우럭, 광어, 망어, 멍게가 있고 오징어도 있었다. 그곳에서 20년 가까이 생선 장사를 하고 있다는 전명렬 씨(65세)를 만났다. 아주머니는 싱싱한 오징어를 고르는 법도 가르쳐주었는데 투명하고 윤기가 나며 약간 검은색을 띤 것이 신선한 것이라고 한다. "돌아가신 우리 아저씨도 옛날에 고기를 잡았어요. 바다 나가가 고기 잡아오모 내가 여 나와가 팔고 했지요" 한다. 고기 잡으러 나갔다 돌아오는 아저씨를 기다렸을 그녀의 모습이 떠올랐다. 혹시나 사고라도 나지 않을까 속도 많이 태웠을 것이다.

밥 먹을 때가 되어서 아까 들었던 어시장 안의 전명렬 아주머니네 가게로 갔다. 쫄깃쫄깃한 오징어 회를 먹고 나오니 날은 어느새 어두워져 있었다. 그런데 저쪽에서 아주 강한 불빛이 보이는 게 아닌가. 그리 가까이 가지 않아도 오징어 잡는 배인 것을 알 수 있을 정도로 불빛은 강했다. 눈이 부셔서 제대로 쳐다보기도 힘든 그곳에 서로 멀찍이 떨어져서 앉아 있는 두 사람이 있었다. 지금 배를 시운전해 보는 거라고 했다. 이 배의 전등을 다 켜면 20만 와트의 광량이 나온다. "이 정도는 약한 거라요. 불 달라카모 한도 끝도 없지요. 이 항구에만 해도 사십오만 와뜨 키는 배도 있어요." 선원 정수천 씨(42세)가 그리 대수롭지 않다는 듯 이야기했다. 나는 눈이 시려서 도저히 배를 제대로 볼 수가 없었는

데 정수천 씨는 그 밝은 불빛에는 아랑곳하지 않고 찬찬히 전구
들을 살피는 것이었다. 대낮같이 밝은 배 위로 사람들이 올라갔
다. 어두운 밤 후포항은 그렇게 오징어들을 유혹할 채비를 하고
있었다.

동백 천국, 지심도

바다는 물고기의 푸른 등으로 시퍼렇게 번들거리고 있었다. 화창한 햇살이 비스듬히 비치는 곳은 미끈한 갈치가 은색으로 몸부림치는 것처럼 보이기도 하는데. 장승포항을 떠난 배는 둔중한 엔진 소리를 뒤로 하고 저 멀리 보이는 섬을 향해 바다를 힘차게 헤쳐 나가고 있었다. 고깃배 하나가 섬만큼의 크기로 다가왔다가 옆으로 비켜갈 무렵 김재곤 선장(45세)의 말이 아련히 들려왔다. "내가 한 30년 배 타고 댕기면서 섬을 마이 봤지만 저런 섬은 잘 못 봤어예. 섬에 나무가 저렇게 많은 데는 참말로 찾기 힘들 거라예. 그리고 저게는 물도 그래 마이 나가 물 걱정을 안 하고 살아예."

10년 전만 해도 바로 코앞에 있는 것 같은 곳을 가는 데만도 한 시간이 걸렸다는데 이제는 배에 고속엔진을 달아서 20분이면 간다. 어느새 섬의 울창한 나무들이 또렷이 보이고 선착장에 나온 사람들의 얼굴도 분간할 수 있게 되었을 때 뱃머리의 고무바퀴가 선착장에 쿵하고 닿는 소리가 났다. 이제 지심도에 온 것이다.

지심도는 동백꽃이 워낙 많아 동백섬으로 불리기도 하는 곳이다. 비단 동백꽃뿐만 아니라 후박나무, 종려나무, 사철나무, 대나무와 각종 야생화, 유자나무, 밀감나무 등이 섬 전체에 빽빽이 들어서 있어 야생식물원을 방불케 한다. 총면적 10만 평의 이 섬은 현재 13세대 28명의 주민들이 1만 5천 평의 밭과 2만 평의 과수원을 경작하며 살아가고 있다. 이곳에 사람이 살기 시작한 것은 약 50년 전으로 한때는 1백 명 가까운 주민들이 살기도 했지만 이제는 많은 사람들이 떠나고 몇몇 사람들만 남아 섬을 지키고 있다. 이곳은 해군의 작전구역이라 집의 개·보수가 제한되고 집과 밭은 개인의 소유권이 인정되지 않는다.

배가 떠나고 섬의 위쪽으로 난 길을 오르기 시작했다. 조금 올라가자 울창한 숲이 하늘을 막아 동굴처럼 되어 있는 길이 나타났다. 동백나무 숲이었다. 은은한 향기가 바람결에 실려왔다. 달콤하고 향긋한 냄새, 동백꽃 향기였다. 빨간 꽃잎에 노란 꽃가루가 묻어 있었다. 벌들이 수정을 시켜놓은 것이리라.

잠시 후 집이 하나 둘 나타났지만 사람의 모습은 보이지 않았

다. 조금 더 가서야 작은 집에서 체질을 하고 있는 할머니 한 분을 만날 수 있었다. 윤금화 할머니(70세). 제주도에서 살던 윤 할머니가 이곳 지심도로 온 것은 벌써 50년 전의 일이다. 제주의 여자들 대부분이 그렇듯이 그이도 해녀였다. 열일곱에 시작한 물질은 예순이 될 때까지 계속되었다. "나이가 드니까 자맥질을 못 하겠더라고. 추운 물 속에 들어가면 관절이 막 빡빡해지거든." 할머니는 남편 김덕순 할아버지(72세)와 함께 살고 있었는데 두 분은 섬에서 유자와 밀감을 키우며 민박을 운영하고 있다. 지금 사시는 곳은 예전에 일본군의 저수지가 있던 곳인데 그걸 메워서 위에다 집을 만들었다. 그리고 이 집은 '천주교 공소'이기도 하다. "공소는 성당에 갈 형편이 못 되는 사람들을 위해서 만들어놓은 곳이지. 매달 넷째 일요일에 장승포 성당에서 신부님이 오시지. 옛날에는 교인들도 꽤 있었는데 요새는 대여섯 명밖에 안 돼." 사람들이 차츰 줄어드는 것을 할머니는 많이 안타까워했다. 지심도에는 아직 전기가 제대로 들어오지 않는다. 하루에 여덟 시간 정도만 섬에 있는 발전기를 돌려 전기를 공급하고 있다. 그래서 이곳 사람들은 죽기 전에 원없이 전기를 써보는 것이 소원이라고 한다.

　섬을 돌아보다가 밭에서 일을 하고 있는 또 다른 할머니 한 분을 만났다. 눈이 잘 보이지 않는지 거의 풀에 눈을 박은 채 일을

하고 있었다. '방풍'이라고 하는 중풍 예방에 쓰이는 약초를 손질
하고 있는 거라고 했다. "한동안 손을 못 봤디만 이레 벌레가 자
꾸 생기네. 그래가 약 치는 거 아이가"라며 김희선 할머니(82세)
는 연신 분무기로 농약을 뿌리고 손으로 일일이 약초를 헤쳐가며
벌레를 잡고 있는데, 할머니의 굽은 등 뒤로 보이는 바다는 이런
시름을 아는지 모르는지 그저 푸르기만 했다.

조금 걸어 올라가자 섬의 꼭대기가 나왔다. 거기에는 국방과학 연구소가 있고 옆에 헬기 비행장이 있었다. 그곳에는 아주 넓은 평원이 펼쳐져 있었는데 올라서니 남해 바다가 한눈에 들어왔다. 잔디밭에 앉아 내려다보니 파도 하나 없이 잔잔하기만 한 바다에는 크고 작은 배들이 한가롭게 오가고 있었다. 바다와 섬이 주고받는 전령들이었다.

과메기 바람 부는 호미곶

칠흑같이 어두운 바다 저 너머로 서서히 붉은 띠 하나가 생겨났다. 그리고 샛노란 불덩어리가 머리를 내밀었다. 불덩어리는 차츰 붉어지더니 삽시간에 하늘을 물들이기 시작했다. 바다도 따라 붉게 물들어갔다. 바다는 이제 잠을 깨고 소란스러워졌다. 갈매기들이 날고 파도가 하얗게 일어나고 고기잡이 나가는 배도 힘차게 해를 향해 나아갔다. 반도의 동쪽 끝은 그렇게 새 아침을 맞이했다.

그곳에서 생선의 배를 가른 후 물로 씻고 줄에 널고 있는 할머니 한 분을 만났다. 올해 일흔이시라는 이화영 할머니(73세). 할머니는 지금 청어를 손질하는 중이었다. 이것을 말려서 과메기로 만든다. 과메기는 감포, 포항, 구룡포 등지의 경상북도 해안지방

에서 겨울의 별미로 많이 먹는 음식이다. 겨울철 술집에서 단골 안주로 등장하기도 하는데, 시장을 걷다 보니 양편에 과메기가 엄청나게 걸려 있었다.

그런데 과메기는 원래 꽁치로 만드는 것이 아닌가. "그게 아이다. 원래 과메기는 청어로 만드는 기라. 옛날에는 청어가 마이 났지만도 한동안 청어가 안 나가 꽁치로 만들었던 기라. 그라다가 요새는 또 청어가 잡히니까네 이걸로 과메기를 만든다 아이가"

한다. 물론 지금도 꽁치로 과메기를 만들기도 한다. 그러고 보니 할머니 옆의 줄에는 꽁치도 걸려 있고 그보다 조금 큰 청어도 걸려서 바닷바람에 춤을 추고 있다. 과메기는 이렇게 추운 겨울에 나는 등 푸른 생선을 자연 건조시켜 먹는 것이다. 겨울날 얼었다, 녹았다를 반복하여 과메기가 만들어진다. "옛날에 어부들이 집에 와서 묵을라고 이거를 배에서 말린 기라. 그란데 함 묵어보이 너무 맛있거든. 그래가 그 다음부터 사람들이 다 이래 묵기 시작한 기라." 바닷바람이 정말 무섭게 부는 곳이었다. 바다의 파도도 무척 높아졌고 그 위를 나는 갈매기들도 어째 바람에 휘청거리고 있었다. 그 매서운 바람에도 할머니는 손에 목장갑만 끼고 잠시도 손길을 늦추지 않았다.

과메기는 보통 우리가 보는 건어물에 비해 언뜻 보면 좀 덜 마른 생선처럼 보인다. 하지만 한 번 이 맛을 본 사람은 그 특유의 맛을 잊지 못하는데, 생미역이나 김에 싸서 초고추장에 찍어 먹으면 약간 비릿하면서도 고소하고 쫀득쫀득 씹히는 맛이 그만이기 때문이다. 한 두름(20마리)에 6~7천 원의 비교적 저렴한 가격으로 애주가들에게는 빼놓을 수 없는 술안주이기도 하다. 과메기는 포항을 비롯한 그 주변 해안가에서 주로 많이 만드는데, 포항에서만도 1년에 수천만 마리의 과메기를 만들고 있고 해마다 겨울철이면 과메기 축제도 벌인다.

가까운 곳에는 어항이 있었다. 대보항이었다. 그 입구에서 커다란 배를 손질하고 있는 사람들이 있었다. 이 배로 대구며 청어를 잡는다고 했다. 배는 요즘 보기 드문 목선이었는데 배 아래쪽에다 종이 같은 것을 풀칠해서 바르고 있었다. 무슨 작업인지 물어보니 목선에 FRP를 바르는 작업이라고 했다. FRP라고 하면 배를 만드는 데 쓰는 것인 줄 알았는데 이렇게 종이같이 얇게 만들어지기도 하는 모양이다. 그것을 보통 예닐곱 겹으로 발라서 방수 작업을 한다. "목선은 나무가 되나가 암만 캐나도 물이 마이 들오거든요. 그래가 이래 물 막는 작업을 해조야 되는 기라요." 작업장에 있던 김성식 씨(45세)의 설명이었다. 이 목선은 50톤급 어선이고 벌써 13년이 되었는데 목선은 보통 20년 정도면 수명이 다한다. 요즈음에는 목선을 만드는 일은 없고 보수하는 일만 있다. 그가 이 일을 한 지도 벌써 25년이 되었다. 예전에는 이 작업장에서 60톤이 넘는 배도 만들었다.

FRP를 바르는 작업장에는 화톳불도 피워놓고 있었다. 그 옆에서 사람들은 곱아진 손과 발을 녹이며 작업을 했다. "아침부터 나와서 하는데요. 추울 때가 젤 고생이다 아잉교. 내년에는 우리 첫째 아가 고등학교 가는데 갸(그 아이) 공부시킬라 카모 지금보다 더 **빡시게**(힘들게) 일해야지요." 불 옆에서 몸을 녹이던 정순례 씨(41세)에게 다가올 새해는 희망과 걱정이 함께 하고 있었다.

그렇게 무섭게 불어대던 바람도 이제 잠시 숨을 돌리는 듯했다. 수리가 다 끝나면 배는 다시 새해가 밝아오는 바다로 나갈 것이다. 그 해를 향해 힘차게 나아가 바다 깊은 곳에서 유유히 헤엄치는 고기를 잡으러 나갈 것이다. 바다의 오염이 심해져서 고기 잡히는 게 옛날 같지 않다는데 호미곶 사람들의 배는 항상 만선이기를 잠시 빌어보았다.

할리데이슨

서산휴게소에서 만난 주한 미국인 할리데이비슨 동호인들.
만리포 해수욕장에서 열리는 캠프에 가는 길이란다.

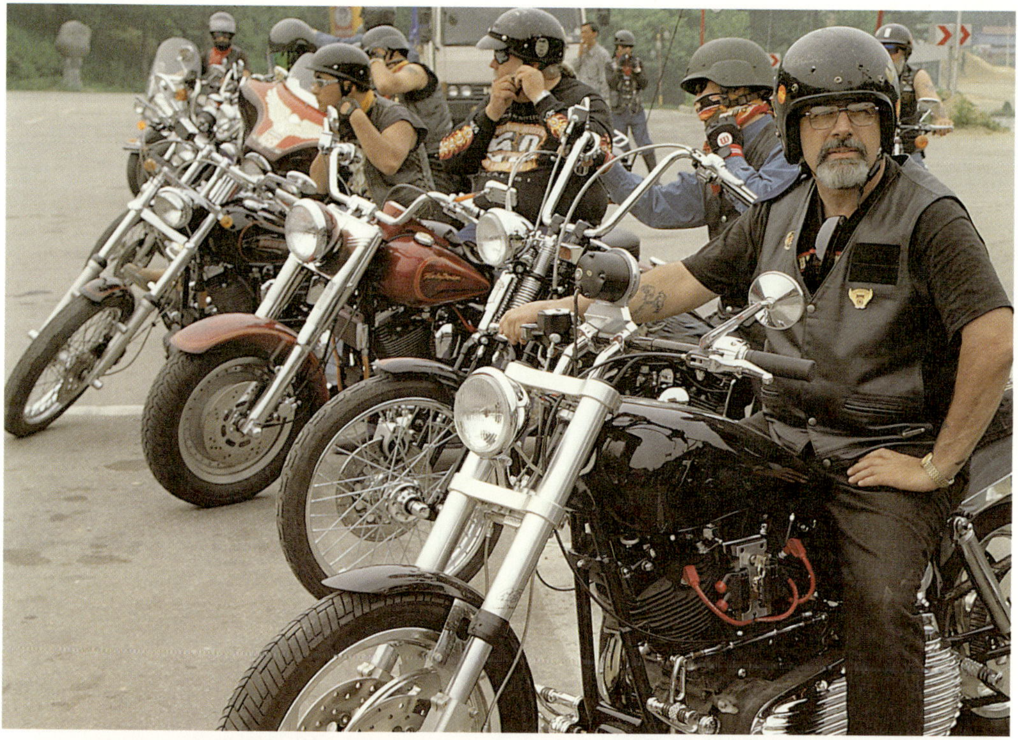

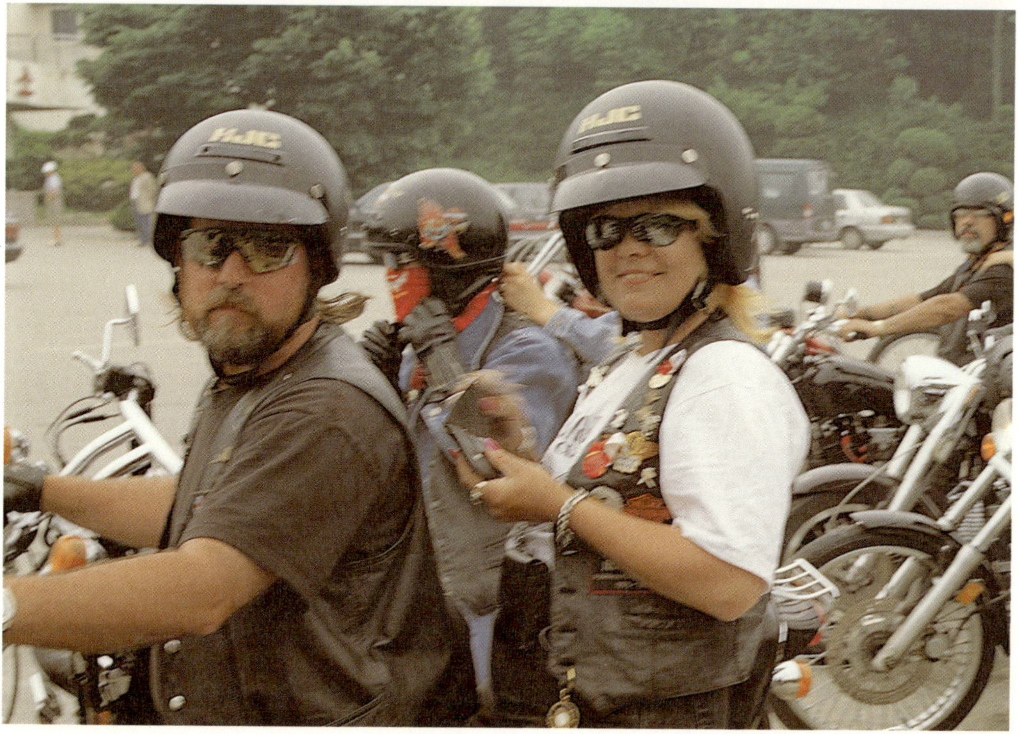
HJC
HJC

해발 8백 미터 고지대, 자운리

차창 안으로 들어오는 바람이 조금씩 차게 느껴질 무렵 차는 굽이굽이 비탈길을 힘겹게 오르고 있었다. 남쪽 지방을 거쳐 어느덧 반도를 횡단하고 있는 꽃들의 행진도 이곳에선 아직 이른 감이 있다. 졸졸 흐르는 개울가 옆 버드나무에 꽃망울은 피었지만 활짝 핀 꽃을 찾아보기는 힘들었다. 해발 8백 미터 고지대, 산기슭의 봄은 그렇게 천천히 오고 있었다.

밭에서 감자를 심고 있는 사람들이 있었다. 긴 이랑을 검은 비닐이 덮고 있는 밭에서 일을 하고 있는 사람들은 전병훈 씨(59세)와 딸, 그리고 사위였다. 그런데 감자 심는 법이 좀 특이했다. 큰 가위처럼 보이는 연장으로 땅을 쑤셔서 양날을 벌리면 땅이 조그맣고 얕게 파지는데, 그 안에다 아이 주먹만한 감자 종자를 넣는

것이었다. 그러면 또 다른 사람이 뒤를 따라오면서 다시 흙을 메웠다. 자동화된 기계의 힘을 빌리지 않고 그나마 수월하게 일할 수 있게 개발된 방법인 듯했다. "여기 감자는 딴 지방보다 한 달 정도 수확이 늦지요. 그만큼 감자가 땅에서 오래 크니까 영양분도 많고 단단하고 맛이 좋지요. 감자 하면 강원도 감자라고 하는 게 다 이유가 있는 거지요." 서울에서의 안경사 생활을 접고 고향에 돌아와 장인과 함께 농사를 짓고 있다는 정진화 씨(38세)의 말이었다.

좀더 안으로 들어가자 산기슭의 마을로 들어가는 길 왼편에 산비탈을 개간해서 만든 밭이 널따랗게 펼쳐져 있었다. 까마득히 높은 곳, 거의 15도 가까이 되어 보이는 가파른 경사면의 밭에 부부로 보이는 두 사람이 일을 하고 있는 모습이 눈에 들어왔다. 밭을 일구고 있는 이우준(46세)·최옥주(42세) 부부였다. "곰취 씨앗 심을라는 거래요. 옛날에야 화전 해서 옥수수나 감자 심고 살았지만 요새는 곰취나 취나물 같은 산나물 키우고 살아요. 지금 심으면 한 2년 후에나 거둬들일 거래요." 이우준 씨의 말이 끝나기도 전에 갑자기 세찬 바람이 불어와 나는 밑으로 떨어지지 않으려고 힘을 쓰는데 두 사람은 그런 일은 아무것도 아니라는 듯 계속 밭의 고랑을 파나갔다. 이우준 씨네는 1만 5천 평 정도의 밭을 경작할 뿐 아니라 염소와 닭도 수십 마리씩 키우는, 한마

디로 무척 부지런한 부부였다.

지금은 폐교가 된 분교를 돌아보고 나오는 길에 새하얀 교회 건물이 마을 중간에 서 있는 것을 보았다. 예전에 사람들이 많았을 때는 이곳이 교회 구실을 제대로 했지만, 지금은 마을 사람 몇몇이 가끔씩 모여 기도하는 곳으로 퇴락해 버렸다. 교회 건물에서 멀리 떨어지지 않은 곳에서 뒷마당에 나와 있는 이정식 씨(68세)를 만나게 되었다. 그는 이곳에 처음 화전민 촌이 들어섰을 때 부산에서 이사 온 사람이었다. "군대 갔다 와서 여기로 왔지. 돈 없는 사람이 자리잡고 보니까 오래 살게 되었어. 30년도 훨씬 전에 그때 정부에서 '산으로 가자, 바다로 가자' 그라면서 개간 붐이 일났거든. 그래가 정부 허가를 받고 화전을 해먹고 살은 기라. 그런데 화전을 하모 흙이 자꾸 미끄러져 내려와가 홍수도 나고 하는 기라. 그래가 그 다음부터는 화전을 못 하게 하고 해서 대신 나무를 심은 기라." 이정식 씨는 지금은 2천 평의 밭에 배추, 무, 감자를 키우고 있다.

화전을 하면 땅이 기름지게 되어 농작물의 피해도 없는데, 화전은 경사가 얼마나 가파르냐에 따라 그 수명이 좌우된다. 경사가 너무 가파른 땅은 흙이 미끄러져 없어져 버리고 거름을 져다 나르기도 힘들어서 한 5년 정도밖에 쓸 수 없지만, 15도 정도의 경사만 되어도 20년 가까이 쓸 수 있다. 그러다 땅을 쓸 수 없게

되면 그곳은 그냥 버려두고 다른 땅으로 가서 다시 땅에 불을 질러 밭을 일구며 살았다.

농사지을 땅이 없어 산에 불을 지르고 그곳에 밭을 일구며 살아온 사람들. 그 험한 땅에서 그들의 삶은 얼마나 고단했을까. 밭둑에 앉아 잠시 쉬고 있으려니 어디선가 불어오는 바람결에 꽃향기 한 자락이 살며시 코끝을 스치고 지나갔다.

밤골엔 부림 홍씨가 산다

　한적한 길가에는 나무들이 한껏 싱그러운 신록을 뽐내고 있었
는데, 밭일 나가는 농부의 발밑으로 제비꽃이 한 무더기 오롯이
피어 있다. 한밤마을을 묻자 길 따라 쭉 가다 보면 보일 것이라
고 한다. 검붉은 얼굴에도 초록물이 들어 있었다. 나뭇잎이 1년
중 가장 싱그런 시기. 창 밖으로 스치는 이파리들이 가슴을 쓸며
지나갔다. 감미로운 바람이 꿈결 같았다.

　마을 입구에는 커다란 느티나무 숲이 있었다. 수십 그루의 나
무들이 하늘을 덮어 커다란 그늘을 만들어놓은 곳에서 아이들 여
럿이 어울려 놀고 있었다. 숨바꼭질에 말타기, 시소와 그네를 타
고 있는 아이들은 바로 뒤에 있는 대율초등학교에 다니고 있다
한다. "인자 학교 끝나가 집에 가는 길이니더. 쫌 있으모 버스가

올 끼라요. 그거 탈라꼬 기다리는 거라요." 말타기 놀이를 하던 3학년 태완이는 이곳에서 조금 떨어진 신리에 살고 있는데, 집이 가까운 아이들 몇몇이 같이 어울려 놀고 있었다.

한밤마을은 원래 부림 홍씨의 집성촌이다. 고려 중엽부터 홍씨들이 모여 살기 시작한 이 마을은 약 6백 년의 역사를 가지고 있다. "여기 영남지방은 부림 홍씨들이 많지요. 경기도 쪽에는 남양 홍씨들이 많이 살고요. 예전에는 마을에서 홍씨 아닌 사람을 찾아보기가 힘들었는데 요새는 타성 사람들도 많이 들어왔지요. 그래도 아직 한 60퍼센트 정도가 홍씨죠." 홍갑근 동장님의 설명이었는데 마을을 다니면서 만나본 사람들 중에도 홍씨 아닌 사람들이 꽤 있었다. 그들은 이곳에 연고가 있어 자주 들렀거나 아니면 몇 번 놀러왔다가 이곳이 살기가 좋아서 아예 정착을 해버린 사람들이었다. 마을 골목을 돌아가며 쌓여 있는 돌담과 그 위를 친친 감아 올라간 담쟁이덩굴, 그 너머로 보이는 오래된 한옥들, 대문을 열어놓고 살아도 도둑이 없다는 순박한 인심, 이 모든 것들이 어울려 빚어내고 있는 평온한 분위기는 누구든지 이곳에서 살고 싶다는 생각을 갖게 하기에 충분했다.

마을에 3백 년 된 고택이 있다고 하여 그곳에 들러보기로 했다. 마을 입구에서 그리 멀지 않은 곳에 있었는데 그 옆에는 유형문화재 262호로 지정된 '대청'이 있었다. 다섯 칸 겹집의 형태로 총

열 칸으로 이루어진 대청은 조선 전기에 건립되어 지금까지 잘 보존되어 오고 있는데 예전에는 학사 건물로 사용되다가 현재는 여름이면 마을 노인들을 위한 경로당으로 사용되고 있다고 한다. 3백 년 된 고택은 북향으로 지어진 'ㅁ'자 형의 집으로 지금도 사람이 살고 있다고 하는데, 그곳에 들렀을 때는 마침 오랜만에 시댁에 들렀다고 하는 이 댁 며느님과 이 집에서 할머니를 모시고 산다는 홍석규 씨(45세)를 만날 수 있었다. "집안 대대로 여기서 10대째 살고 있지요. 저도 직장이 대구라서 매일 출퇴근하기가 힘들기는 하지만 할머니 모시고 여기서 살고 있어요. 아직도 1년에 열 번 정도 제사를 올린다는 사당 앞을 쓸며 그가 하는 말이다. 여러 차례 보수도 했겠지만 그래도 세월의 흔적은 집안 곳곳에 남아 있었는데, 누렇게 시든 잡초가 있는 기와지붕이 그랬고 반질반질 윤이 나는 마루와 대들보가 그랬다. 마루에 앉아 잠시 쉬고 있으려니 이 집에서 살았을 수많은 사람들이 떠올랐다. 그들도 오늘처럼 봄볕 가득한 날이면 나처럼 마루에 앉아 마당에 핀 꽃들을 바라보았을지도 모른다. 어쩌면 배 깔고 엎드려 책을 보았거나 아니면 형제간에 씨름을 하며 뒹굴었을지도 모른다. 손바닥에 전해지는 나무의 감촉이 좋았다.

마을의 돌담길을 걸어가다가 호두나무가 시원스레 피어 있는 집을 발견했다. 홍주희 할머니(76세)네 집이었는데 할머니는 이

곳이 친정이다. 시집가서 외지에 살다가 환갑 지나던 해에 마을로 돌아왔는데, 지금은 딸과 함께 살고 있다. 마당에 나무가 너무 좋다고 하자 할머니 얼굴이 금세 환해진다. "이게 추자나무 아이가. 아이고 참말로 전부 이 나무맨큼만 크모 얼매나 좋노. 밤낮 주야로 크이, 열매도 억수로 마이 열린다 아이가" 하신다. 뒷마당에는 된장, 간장이 항아리에 가득 담긴 채 장독대에서 익어가고 있는데, 할머니가 딸에게 호두를 좀 가져오라고 한다. 잠시 후 딸이 한 움큼의 호두를 가져오자 이것 가지고 되겠느냐며 갖고 있던 가방이 불룩해질 정도로 많이 넣어주셨다.

대청 앞에서 한복을 차려 입으신 할아버지 두 분을 만났다. 홍은흠 할아버지(84세)와 이강욱 할아버지(82세). 두 분은 방금 경로당에서 나오셔서 이제 집으로 가시는 길이라는데 평생을 이 마을에서 사셨다 한다. 할아버지들을 따라 마을 안쪽으로 들어가자 돌담 위의 담쟁이덩굴들이 훨씬 더 새파랬는데, 그 밑에서 쑥을 캐고 있는 할머니 한 분을 만났다. 올해 일흔하나라고 하셨는데 성이 안동 권씨라고만 하지 끝내 이름은 밝히지 않았다. 할머니는 쑥으로 떡을 해서 드실 거라고 하셨다. 나도 따라서 쑥을 조금 캐보았다. 향긋한 쑥내음이 무척 좋았다. 한밤마을의 향기였다.

푸른 등의 구렁이, 보성 차밭

　길가에는 삼나무들이 서 있었다. 날렵한 모습의 나무들은 솟아오르는 화살마냥 푸른 하늘 속으로 머리를 감추고 있었다. 길 위의 파란 쑥들 사이로 보라색 제비꽃이 새벽이슬을 몸에 달고 기지개를 펴는데, 무당벌레 한 마리가 옆을 지나다 떨어지는 이슬방울에 화들짝 놀라 달아났다. 걷기에 그다지 힘들지 않은 비스듬한 경사 길을 타박타박 올라가다 보니 사람들의 말소리가 들려왔다. 그리고 차밭이 보였다.

　정말 넓은 차밭이었다. 구릉을 깎아 만든 차밭은 한눈에 다 들어오지 않을 정도로 넓었는데 말소리의 주인공들은 쉬이 찾을 길이 없었다. 겨우겨우 찾아낸 곳은 산 바로 아랫자락. 사람들이 조그마한 점으로밖에 보이지 않는 그곳에서 나누는 말이 그렇게

생생하게 들리다니. 원형극장 같은 지형 탓에 그런가 보다. 차나무들은 이랑 따라 열을 지어 산을 휘감아 돌아가고 있었는데, 꼭 수백 마리의 구렁이를 보는 것 같았다. 푸른 등의 구렁이들.

조금 가팔라진 산길을 힘겹게 올라가자 삼나무 사이로 보이는 차밭에서 찻잎을 따고 있는 사람들이 보였다. 차나무 고랑 하나마다 한 사람씩 들어가 잎을 따고 있었다. "올해 처음 따는 것이요. 이걸 곡우차라 하제. 원래는 곡우 때 따는 것인디 올해는 날이 가물어서 조금 늦어진 게라. 이것이 값도 겁나게 비싸요. 한 주먹에 몇만 원씩 항께." 열심히 손을 놀리던 김순요 씨(51세)의 말이다. 이곳 보성은 차의 고장이다. 전국 생산량의 40퍼센트 정도가 보성에서 나고 그 맛과 향, 색 또한 좋기로 유명하다.

사람들은 저마다 바구니를 하나씩 들고 일일이 손으로 잎을 따고 있었는데, 기껏해야 새끼손톱 마디만한 이파리로 바구니를 채우려면 꽤나 많은 시간이 걸릴 것 같아 웬만한 끈기가 아니면 못할 성싶다. 그래도 4백~5백 미터의 이랑 하나를 돌고 올 때마다 조금씩 잎이 쌓여가는 것을 보니 신기한 생각마저 들었다. "지금부터 시작해서 모내기 심고 바쁠 때만 빼고 여름까정 하제. 한 열 시간씩 하는디 참말로 되지라. 징하여. 집에 가면 허리가 콕콕 쑤시고 팔다리가 땡겨 죽겄어." 비싼 차는 먹어보지도 못하고 맨 끄트머리에 따는 막차를 사다가 보리차처럼 끓여 마신다는 정도순 할머니(65세). 이곳의 차가 워낙 좋아서 옛날에는 절의 스님들이 모두 가져갔다는데 할머니는 비싸서 자기도 못 마시는 좋은 차를 객지에 나가 있는 자식들에게 보내준다고 한다. "이것이 참말로 좋은 것이여. 피부에도 좋고 변비, 위장, 혈압에도 좋아서 어미 · 아배는 안 먹어도 사다가 애기들한테 주는 것이제. 입모를(마를) 때도 한 잎씩 넣으모 쌉싸름하니 좋제" 하며 나에게 하나를 건네기에 그 보드라운 새순을 입에 넣고 씹어보니 상큼한

맛에 침이 절로 솟아났다.

저쪽에서 갑자기 큰 목소리가 들려왔다. "샛것 먹고 하자!" 새
참을 먹자고 하는 모양인데, 그냥 일하던 자리에서 주머니에 넣
어온 것들을 끄집어내서 바구니에 올려놓은 채 새참을 먹는 것이
다. 새참이라야 빵 한 조각과 물 한 모금. 어떤 사람은 무척 굵은
김밥을 싸오기도 했는데 나도 몇 입 먹어보니 금세 시장기가 가

셨다. 아무래도 밭일하는 데는 빵보다는 밥이 훨씬 나을 것이다.

　그날 채취한 잎을 곧바로 차로 만든다기에 그곳에 가보기로 했다. 차밭의 아래쪽으로 내려오니 코끝을 스치는 구수하면서도 상큼한 향기. 바로 찻잎을 솥으로 가열하는 곳에서 나는 냄새였는데 이 과정을 '덖음'이라고 한다. 잎을 따면 먼저 3백50도~4백도로 데워진 솥에서 5분 정도 초벌 덖음을 한다. 그 후에 손으로 털어 냉각시키고 잎을 손으로 비비는 '유념'을 한다. 다음에 1백20도~1백50도의 솥에서 건조한 후 냉각과 유념의 과정을 한 번 더 거치고 나서 하루나 이틀 그늘에서 건조시킨 후에 '홍배'(방에서 말리는 작업)을 하고 선별 포장을 한다.

　고온의 솥에 찻잎을 가열할 때는 주걱과 손으로 끊임없이 잎을 뒤집어줘야 하는데, 워낙 고온이라 까딱하면 손을 델 수도 있다. 그렇게 가열이 끝난 잎은 진한 녹색으로 변해 있었다. 이것을 널따란 대광주리에 담아 손으로 한 움큼씩 잡아 밑으로 흩뿌리며 냉각을 시키고 나서 멍석에 쏟아놓고 손으로 비비는 것이었다. 이렇게 비비면 잎의 세포막이 터져서 향과 맛이 더 좋아진다고 하는데, 어느새 멍석에는 조금씩 푸른 물이 배어들고 있었다. 그 푸른 물 속에는 보성 아낙들의 고된 손길의 흔적도 들어가 있으리라.

칼바람에 익어가는 대관령 황태

　강원도 평창의 횡계는 눈이 많고 추운 곳으로 유명하다. 십수 년 전에는 눈이 너무 쏟아져 교통이 완전히 두절된 적도 있었다. 그때는 주민들의 생필품이 떨어져 비행기를 이용해서 생필품을 떨어뜨려주기도 했다고 한다. "여기는 밤이면 영하 20도를 넘나드는 곳이라 낮과의 기온차가 커서 황태 만들기에는 아주 좋은 조건을 갖추고 있어요." 횡계5리 이용운 이장(52세)의 이야기다. 황태는 제대로 얼었다 녹았다 해야만 제맛을 내기 때문이다.

　황태는 이렇게 만들어진다. 저 멀리 북해의 차가운 바다 속에서 한가로이 헤엄치던 명태가 덜컥 원양어선의 그물에 포획된다. 명태는 그대로 배에 실려 길고 긴 항해 끝에 부산항에 도착하여 냉동창고로 옮겨진다. 떠들썩한 경매 끝에 팔려간 명태는 다시

주문진으로 온다. 이곳에서 해동과 할복의 의식을 끝낸 후 최후의 여정, 마침내 횡계에서 덕장에 걸린다. 덕장에 걸린 명태는 네다섯 달 동안 대관령의 눈과 바람을 맞아가며 꽁꽁 얼었다가 햇볕에 녹기를 반복하면 속살이 온통 부르터서 부풀어올라 황태가 된다.

"황태는 원래 속이 볕을 받아서 허옇게 된 게 좋은 거래요." 예전에는 이곳의 할복장에서 깨끗이 씻어 걸어놓으면 햇빛에 반들반들하게 윤이 났는데 요즘은 영 빛깔이 나지 않는다며 안타까워하시는 유성준 할아버지(72세). 할아버지는 할머니와 셋째 아들과 함께 말라붙은 황태 창자를 한창 긁어내고 있었다. "요즘은 이렇게 다 긁어서 깨끗해야 팔리지, 안 그러면 안 사갈라 그래요." 한금순 할머니(70세)의 얘기다. 할머니가 내민 황태 속살은 겉보기와는 달리 직접 눌러보니 폭신폭신하고 부드러웠다.

덕장에 갔다가 류성하 씨(40세)를 만났다. 그에게서 이런저런 얘기를 들을 수 있었다. "명태는 러시아 영해에서 많이 나는데요. 러시아가 내년 쿼터량을 많이 줄였어요. 6만 톤에서 4만 5천 톤으로요. 또 바닷물 온도가 많이 오르고 하니까 명태가 잘 안 잡히기도 하고요. 한 7~8년 전보다는 10분의 1도 안 돼요. 가격도 3년 전보다 1백 퍼센트는 더 올랐고요. 여기 대관령 덕장이 남한에서 최초로 생긴 거지요. 6·25 때 월남한 사람들이 이걸

만들었거든요. 대관령에 있는 덕장의 총면적은 한 10만 평 정도 되죠. 한 칸에 2천 마리 정도 걸리니까 6천만 마리 정도가 걸리는 셈이네요." 우리나라 인구보다 더 많은 명태가 여기에 걸린다는 얘기니 참 엄청나게 많기도 하다.

예전에는 이곳에 할복장이 있어서 명태를 곧바로 씻어 덕장에 걸기만 하면 되었는데, 근처에 도암댐이 건설되면서 상수원 오염을 우려하여 할복을 금지하게 되었다. 류성하 씨를 따라 주문진의 할복 작업장에 가보기로 했다. 날이 밝기도 훨씬 전인 새벽 3시에 일어나니 그의 부인이 차려준 아침상이 기다리고 있었다. 된장찌개에 조촐한 반찬들. 밥을 먹고 나자 유자차를 내왔는데 추운 날씨였지만 이내 속이 훈훈해졌다. 나는 류성하 씨의 트럭을 타고 대관령을 넘었다. 낡은 트럭이었기 때문일까. 차 안으로 칼 같은 바람이 숭숭 들어와서 무릎이 정말 시렸다. 그렇게 40분 정도 달렸을까. 각자 트럭을 타고 온 주민 여덟 명이 주문진의 할복장에 도착했다. 그곳에서 명태를 각자의 트럭에 가득 싣고 덕장으로 돌아왔다. 이제 창고에서 날이 밝기를 기다리며 난롯불에 몸을 녹이기도 하고 모자란 잠을 청하기도 하다가 이윽고 날이 밝아오기 시작하는 7시경에 작업을 시작하였다.

밖으로 나서자 차가운 기운이 순식간에 온몸을 엄습하는데, 사람들은 부지런히 차에서 명태를 내리기 시작했다. 트럭 적재함의 덮개를 벗기자 하얀 김이 솟아올랐다. 바깥의 기온이 워낙 차다 보니 트럭 뒤에서 꽤나 차가워졌을 명태에서 오히려 김이 나는 것이다.

사람들은 할복장에서 나일론 줄에 꿰어준 명태를 잡아서 덕장 밑으로 던지고, 그것을 다시 쭉 펼쳐놓고 나서 본격적으로 덕장의 나무 위로 걸기 시작했다. 덕장에 거는 것도 요령이 있어야지, 그렇지 않으면 덕장이 무너지는 수도 있다고 했다. 비 오면 가마니로 덮고 눈도 많이 오면 털어내 주어야 한다. 어느새 뜨거워진 사람들의 몸과 그들의 입, 그리고 명태에서 나는 하얀 김이 눈 쌓인 새벽 덕장 위로 아련히 피어오르고 있었다. 이제 날이 풀려 봄이 오면 덕장에는 겨울을 보낸 황태들이 먹음직스럽게 걸려 있을 것이다.

횡성 참숯가마

횡성읍을 지나 20여 분, 구불구불한 시골길을 따라 미끄러져 들어가니, 어느새 차창 밖에는 온통 검은 재를 뒤집어쓴 채 하얀 연기를 뭉게뭉게 피워 올리는 움집들이 펼쳐져 있다. 처마 밑 어두운 곳에서 활활 타오르고 있는 장작더미를 보니 영락없는 숯가마였다. 바람의 방향이 바뀌자 연기가 얼마나 많이 나는지, 맵기도 해서 가까이 가기가 힘들 정도였다. 가마 앞에서는 커다란 선풍기가 불길을 돋우고 숯쟁이로 보이는 사람이 그 앞에서 분주히 움직이고 있었다. 나무 타는 냄새가 콧속으로 밀려들어왔다. 참나무가 타서 숯이 되어가고 있었다.

가족 세 명이서 한창 숯을 가마에서 꺼내고 있었다. 붉게 타오르는 용광로 같은 숯가마 밑의 뻥 뚫린 구멍으로 아저씨가 긴 쇠

막대를 이용해 숯을 긁어내면, 아주머니와 아들이 숯을 삽으로 담아 작업장 한쪽으로 옮겨놓았다. 가마에서 나온 숯은 하얗게 이글거리고 있었는데, 그것을 땅바닥에 내려놓을 때면 서로 부딪치며 연신 불꽃을 토해냈다. 그 온도가 어찌나 높은지 멀찍이 떨어져 있던 나에게도 열기가 뜨겁게 전해졌다. 그렇게 내려진 숯들이 어느 정도 쌓이게 되면 이번에는 옆에 있던 마사(모래)로 그 위를 덮었는데, 요즘 같은 겨울에는 이렇게 덮어 하루 이틀 놔두었다가 다시 꺼내면 비로소 백탄이 된다고 한다. 위험해 보이기도 해서 많은 이야기를 나누기는 힘들었다.

가마 앞의 널찍한 공터에는 한쪽에 쌓여 있는 흙을 리어카에 퍼 담는 사람이 있었다. 이 일을 한 지 1년밖에 되지 않았다는 초보 숯쟁이 황형주(32세) 씨. 힘든 일을 하면서도 미소를 잃지 않는 사람이다. "이건 가마에 나무를 다 채우고 나서 입구를 막을 때 쓰는 거죠. 이따가 불 붙이는 것까지 다 보여줄게요. 오늘 제대로 보고 가시네요"라며 환하게 웃는다. 이젠 물로 반죽한 흙을 돌과 섞어 가마를 막아나갔다. 그러고는 작은 구멍으로 불쏘시개를 집어넣어 가마에 불을 붙였다. 꼭 도자기 굽는 가마 같다는 생각이 들었다. 그는 가마 두 개로 참숯을 만들어내는데, 한 달이면 여덟 번 정도 숯을 만들어낸다. 가마 하나에 한 번 불을 때면 보통 일 주일 정도가 걸리기 때문이다. 이렇게 낮에는 숯을 구워

내고 밤에는 이것을 배달하러 전라도까지 갔다 오기도 한다.

숯가마 앞의 사람에게 다가가 말을 건네보았다. 언뜻 뵙기에도 숯 굽는 일을 오래 하신 분 같아 보였는데, 30년 넘게 이 일을 하고 있다는 서석구 씨(65세)였다. 이곳 횡성군 갑천면 포동리에서만 20년째 숯 굽는 일을 하고 있다고 한다. 예전에는 팔도의 숯 가마에 안 가본 데가 없고 심지어 동두천에서도 숯을 구워내었다는데……. 동두천에 숯가마가? 조금 안 어울리는 듯하여 물어보았다. "아, 거기 동두천 미군부대 뒷산에 숯가마가 있었어. 산에다 숯막을 쳐놓고 거기서 먹고 자며 숯을 만들었는데 옛날에는 전기도 없어서 등잔불에 촛불 켜놓고 살았어. 그때에 비하면 요즘은 정말 살기 좋아졌지." 지금은 옛날보다 훨씬 현대화(?)된 숙소에서 부인과 둘이서 살고 있다. 자식은 오남매를 두었는데 모두 숯을 구워 키워냈고 객지에서 다들 잘살고 있다고 한다.

그는 흑탄과 백탄 모두를 만든다. 흑탄과 백탄은 숯의 색깔 때문에 붙여진 이름인데 그 제조 과정에서 차이가 났다. "흑탄은 가마에 공기가 안 들어가게 아구리(가마 입구)를 막아놓고 불을 때는 거야. 그렇게 한 일 주일을 때고 나면 불이 꺼지거든. 그때 숯을 가마에서 꺼내는데 그냥 시키면 숯이 나오지. 백탄은 아구리 위쪽을 좀 터놓아 공기를 통하게 하는 거야. 이것도 일 주일쯤 때는데, 흑탄하고 다른 건 불덩이를 그대로 꺼내서 그 위에 마

사(모래)를 덮어서 식혀주는 거야. 그러면 약간 흰색이 나는 백탄이 되는 거지." 백탄은 강도가 세서 두드리면 깡깡 소리가 나는데, 연기가 나지 않고 향이 좋아 고기 굽는 데는 그만이란다. 흑탄은 주로 공업용으로 사용되며, 가축에 먹여서 병치레를 적게 하고 육질을 좋게 하는 데도 쓴다.

가마 앞에서 이런저런 얘기를 나누는 중에 서석구 씨의 얼굴은 조금씩 불그스레해지고 있었다. 그 빛깔은 어느새 활활 타오르는 참숯을 닮아서, 그가 참숯이 되고 참숯이 그가 되는 착각에 빠지게 했다.

DMZ 아래, 민통선마을

때 이른 무더위로 반도가 뜨겁게 달구어진 초여름의 어느 날, 금단의 땅과 가장 가까운 곳에서 살고 있는 사람들의 마을을 찾아갔다. 비무장지대 남방한계선과 민간인 통제선 사이에 있는 마을들, 강원도 철원에는 이런 민통선마을이 일곱 군데나 있다.

신철원 읍내를 빠져나가 20분 정도 차를 타고 가다 보니 우측에 뼈대만 앙상하게 남은 콘크리트 건물 하나가 눈에 들어왔다. 철원읍 대마리의 노동당 철원군 당사. 서태지의 뮤직비디오 '발해를 꿈꾸며'에 나왔던 바로 그 건물이다. 미스코리아 대회와 KBS 열린음악회의 촬영장소이기도 했던 이곳은, 8 · 15광복 후에 건립되어 6 · 25 전까지는 노동당사로, 그 후에는 '반동분자' 색출 · 투옥이 이루어지기도 했던 곳이다. 철근을 쓰지 않고 콘

크리트로만 쌓아올린 이 소련식 공법의 건물은 북한이 지은 건물 중에서 현재 남한에 남아 있는 유일한 것이라고 한다. 건물 안으로 들어서자 1층에는 좁은 복도를 사이에 두고 고만고만한 방들이 서로 마주 보고 있었다. 2층은 그나마 그런 방들의 흔적도 사라지고 휑하니 벽이 그대로 드러나 있었는데, 그 위를 뒤덮은 무수한 낙서들 위로 "병인 통일 기원"이라는 문구가 보였다. 병인년에 와서 쓴 낙서 같은데 어느 때의 병인년인지 사뭇 궁금해지

기도 했다.

　노동당사에서 멀지 않은 곳에 대마리가 있다. 여느 농촌보다 잘 정비된 도로와 주택들이 눈에 띄는 이곳은 전쟁의 상처가 채 아물기도 전인 1967년부터 개발이 시작되었는데, 철원군청 공보계의 홍의표 씨가 소장하고 있는 당시의 사진에는 철모를 쓴 군인이 모내기를 하고 있고, 그 옆의 망루에서는 또 다른 군인이 보초를 서고 있는 모습이 담겨 있었다. 마을에서 김선봉 씨(67세)를 만나 당시의 상황을 자세히 전해들을 수 있었다. "1967년에 국회의원 오치성 씨의 건의로 연천군 재향군인회에서 개발을 시작했지. 키부츠같이 만든다고……. 그때는 여기가 다 지뢰밭이었어. 지뢰를 파내서 한군데에 모아가지고 폭파해 가면서 개간을 하곤 했는데, 지뢰를 들고 다니다가 터져서 죽기도 하고 그랬어. 그때 현역 제대해서 농장 개간하면 불하해 준다고 해놓고는 1968년부터 지주가 생겨갖고 땅을 뺏기 시작했어. 외부 자작농은 별로 없고 지주가 많이 차지했었지. 그러다가 나중에 점점 좋아졌고 요즘은 절반이 자작이야. 논 많이 가지고 있으면 2만~3만 평, 자작 중에 제일 많은 사람은 5만 평쯤 가진 사람도 있어." 휴전선과 인접한 특수지역이라 군부대의 통제가 굉장히 심해서 외부에 나갔다가 날이 어두워진 후에 마을에 들어오기라도 하면 포복을 시키는 등 온갖 고초를 다 겪기도 했다. 그때에 비하면 요

즘은 참 자유로워진 편이고 거기다가 모내기 때와 추수 때는 군에서 대민 지원을 나오기 때문에 요즘처럼 일손이 부족한 때에도 평균 2만~3만 평의 농사를 지을 수 있다.

근처 양지리 마을로 가서 만난 박정임 씨(64세)는 실향민이다. "철원 동송인민학교를 다녔어. 노어도 배우고 그랬지. 전쟁이 터지니까 비행기 폭격 때문에 마을이 다 불타버렸어. 집이 60호 있었는데 세 집만 남고 모두 이남으로 왔는데, 그때가 내가 중학교 2학년 때였어. 여기 와서 울기도 많이 울었네. 아는 사람이 제주도에서 왔는데 보지도 못하고, 나도 애 데리고 후방 갔다가 밤에 오니까 안 들여보내 주고, 그런 일로도 많이 울었지. 나중에 통일되면 나아지겠지."

이제는 도로로 변해버린, 금강산 가는 철길이 있었던 길에서 만난 김종걸 씨(57세) 내외는 논에서 일을 하는 중이었다. 부부는 1973년 양지리에 입주했다. 저수지가 1972년에 생기고 이듬해 논 정리를 시작했으니, 그때 들어온 거다. 당시에 주민들이 가진 교통수단은 경운기 세 대뿐이었는데 지금은 집집마다 차가 있고 경운기는 트랙터로 바뀌었다. 그의 말로는 여기도 사람 사는 동네라 자기만 노력하면 살기 좋은 곳이란다. 당시에는 군에서 사흘에 한 번씩 점호도 하고 밤 12시만 넘으면 환자가 있어도 외부로는 아예 나갈 수가 없었다고 한다. "우리 셋째를 낳을 때였

죠. 한밤중이라 어쩔 줄 모르고 있다가 군부대로 갔어요. 거기 의무대에서 그놈을 낳았지요" 하며 참 옛날 얘기라고 너털웃음을 터뜨린다. 마을 안 공터에서 만난 영상이(12세)와 송원이(10세)도 그렇게 해서 세상에 나온 아이들인지 모른다. 뜨거운 햇볕에도 아랑곳하지 않고 자전거를 타고 놀던 아이들. 언젠가 저 아이들이 자전거를 타고 마을을 벗어나 남으로도, 북으로도 자유롭게 갈 수 있을 날을 마음속으로 그려보았다.

왁자지껄 순창 오일장

시골의 오일장에는 소리가 있다. 그곳의 소리는 도시의 소음과는 사뭇 다르다. 뻥튀기 기계가 쉼없이 덜덜 돌아가는 소리에 오랜만에 만난 아낙네들이 옆에서 나누는 정담이 살포시 얹혀진다. 누구는 이번에 딸 시집을 보내는데 혼수가 어떻다는 둥, 아들놈이 집에서 놀다가 이번에 취직이 되었다는 둥, 저번에 다녀온 온천이 그만이라는 둥……. 그러다 뻥튀기 기계의 펑하는 소리에 놀라서 호들갑스럽게 터지는 웃음소리. 어물 좌판에선 아주머니가 쇠꼬챙이로 홍어를 찍어 올리며 손님들을 부르고, 자전거를 타고 장터에 나온 할아버지가 찌르릉 찌르릉 사람들을 놀라게 하는 소리는 도시에서는 여간해서 듣기 어려운 소리들이다. 그리고 그 왁자지껄한 소리들은 신경을 거슬리게 하는 도시의 소음과

는 달리 날카로워진 우리의 심성을 부드럽게 어루만져준다. 오랜만에 사람 사는 곳의 소리가 정겹게 들린다.

시장 한쪽에서 순대집을 하시는 조양수 할머니(71세)는 이곳 순창 장에서만 50년째 순대를 팔아왔다는데, 할머니의 순대는 도시의 순대와는 비교도 안 되게 컸다. "요것들은 내가 돼지 창자 짤라서 속 집어넣고 해서 일일이 다 만들제. 도시에서야 비닐 속에다 맹글고 하는데 그게 어디 순댄가." 할머니의 얼굴처럼 둥글게 쌓아 올려진 순대 옆에는 커다란 국솥이 연신 뜨거운 김을 말아 올리고 있었다. 아마도 거기서 국밥이 설설 익고 있는 것 같았다. 할머니에게 옛날의 시장 풍경을 물어보았다. "옛날엔 지금보다 장이 훨씬 컸제. 우시장도 저쪽에 있었는데 다른 데로 가부렀고…… 낫이며 호미를 만들던 대장간도 이제 다 없어져부렀제."

그 골목 중간쯤에 아주머니 두 명이 사이좋게 어물전 좌판을 열고 있었다. 좌판에는 꼴뚜기며 굴, 고등어, 백합조개가 푸짐하게 널려 있었다. "여수에서 가져온 거지라. 이것들을 갖고 올라모 새벽 두시에는 일나야 돼요. 여수서 여기 올라모 한 네 시간 걸리지라. 그때 일나갔고 부두 가서 물건 사갖고 일로 오모 빠듯하제." 그 이른 시간에 일어나서 이곳까지 오기가 무척 힘들 텐데도 별로 피곤한 기색도 없이 생선을 손질하고 손님을 맞이하고 흥정을 하고 돈을 거슬러 주느라 여념이 없었다. "애기들 먹이고 공부시키고 할라모 별 수 있간디. 인자 애기들도 다 크고 지 밥벌이 할 때도 됐응께. 이 일도 오래 하지는 않을 것이구마" 하며 또 다른 손님을 맞이한다.

다른 골목에 들어서자 아저씨의 힘찬 목소리가 들렸다. "자, 네 벌에 5천 원. 한 벌 값으로 네 벌 장만하시요. 이거 놓치면 돈 잃는 거요" 하는데 보니까 리어카에 옷을 가득 싣고 열심히 손님들을 불러모으고 있었다. 네 벌에 5천 원이라니. 그리고 원래 그게 한 벌 값이라니. 호기심에 그곳으로 가보았는데 이미 리어카 주위에는 사람들이 빙 둘러서서 열심히 옷을 고르고 있었다. 그렇게 싼 옷이지만 사람들이 옷을 고르는 것은 값비싼 옷을 고를 때와 마찬가지로 신중해 보였다. 너무 싸서 그런지 물건값을 깎자는 사람도 없이 군말 없이 옷을 사가고 하는 모습이었다. "싸다고 다 나쁜 것은 아니제. 메이카 옷들만 좋은 것인가. 그게 다 상표값이제. 사람들이 백화점에 상표 달고 진열해 놓으면 다 좋은 걸로 아는데, 이걸 보드라고. 상표만 없지 입고 다니는 데 아무 문제 없응께로" 하면서 옷 파는 아저씨는 옷 자랑에 여념이 없었다.

이리저리 다니느라 배가 고파 중국집에서 자장면 한 그릇을 먹고 나왔다. 아까보다 사람이 더 많아진 것을 볼 수 있었는데, 점

심을 먹고 장에 나온 사람들 때문인 듯했다. 조금 가다 보니 길가에 유난히 반짝이고 있는 것이 보였는데, 나무 막대기에 죽 걸어놓은 조기들이 햇볕에 반사되어 빛나고 있었다. 조기를 팔고 있는 사람은 담양에서 온 최정식(42세), 홍정임(39세) 부부였다. 수산시장에서 궤짝째 사서 집에서 엮어 시장에 가져오는 것이라 했고, 국산 조기는 작은 것만 있었는데 스무 마리 한 두름에 5천 원. 중국산은 큰 것으로 한 두름에 2만 5천 원을 받고 있었다. 아저씨 말로는 사람들이 한국산 조기가 작다고 중국산 조기를 더 많이 사간다고 한다. 그러나 중국산 조기는 비린내가 많이 나는데, 이에 비해 한국산 조기가 비린내도 적고 훨씬 맛이 좋다며 한국산 조기 중에서도 제주에서 나는 것이 깊은 물에서 잡히는 것이라 비늘이 적고 맛도 더 좋다는 말도 덧붙였다. 이 부부가 장바닥을 누빈 것도 벌써 20여 년이 다 되어간다는데 벌이는 옛날보다 영 못하단다. "IMF 막 터지고 나서는 심각했지라. 실직자들이 시장으로 많이 나오기도 해서 말이지. 요즘은 그래도 쪼금 나아지고는 있지만 영 신통찮여."

마지막으로 들른 곳은 요즘은 보기 힘든 뻥튀기 하는 곳이었다. 오렌지색 천막 밑으로 아주머니들 여럿이 쌀이며 옥수수, 떡을 가지고 옹기종기 모여 앉아 있었는데, 그 앞에는 정말 오랜만에 만나는 친구 같은 뻥튀기 기계가 빙빙 돌아가고 있었다. 옛날에

는 장작으로 불을 지폈지만 이제는 가스 불이 그 자리를 대신하고, 사람이 일일이 손으로 돌리던 것이 전기 모터가 돌리는 것으로 많이 바뀌었지만 그래도 예전의 아련한 추억을 불러일으키기에는 충분했다. 뻥튀기 아저씨가 불을 빼고 기계를 멈춘 다음 뻥튀기 할 채비를 한다. 펑하는 소리와 함께 연기가 피어오르자 그 연기 너머로 어린 시절 보았던 시골장의 풍경이 어렴풋이 보였다.

대숲에 바람 이는 가산마을

길가의 논에는 모내기하는 농부의 손길이 분주하고 마을 앞 정자나무에는 땀을 식히는 노인들의 부채질이 한가로웠다. 얼핏얼핏 스쳐가는 넓은 대나무 숲들을 보니, 과연 이곳이 대나무의 고장이구나, 하는 생각이 절로 들었다. 대숲 아래에는 집들이 옹기종기 앉아 있는데 바람이 불자 대숲은 그대로 커다란 부채가 되어 마을에 시원한 바람을 부쳐주고 있었다. 그 바람 속에는 소리가 있었다. 당나귀처럼 큰 귀를 가진 임금님의 이야기를 하고 싶어 못 견디게 된 사람이 목청껏 내지르는 "임금님 귀는 당나귀 귀!" 하는 소리, 그리고 멀리 바다의 소리가 들렸다. 끝없이 모래톱을 적시며 쓸려왔다가 다시 빠져나가는 파돗소리가 들렸다.

담양읍 가산리는 죽순을 채취하여 가공하는 곳으로 담양에서

도 알아주는 곳이다. 남상관 씨(68세)는 이곳에서 대나무 박사로 통하는 분이다. 남상관 씨의 안내를 받아 마을의 대숲으로 향했다. 중국의 맹종(孟宗)이라고 하는 효자가 어머니의 병 구완을 위해 추운 겨울에 신령에게 빌어 나게 하였다는 맹종죽이 자라고 있는 곳이었다. 푸른 대나무들이 끝이 보이지 않을 정도로 높이 솟아 있었는데, 그 위에는 아까 마을 입구에서 보았던 푸른 가지들이 햇살에 일렁이고 있었다. 대나무의 행렬은 끝도 없이 펼쳐져 조금 안쪽으로 들어가자 순식간에 대나무들에 포위되어 버린 기분이 들었다. 숲의 그늘 때문이기도 했지만 사방에 쭉쭉 뻗은 푸른 대나무들 때문에 숲속은 무척이나 시원했다. 땅 위에는 작년에 떨어져 누렇게 말라버린 낙엽들이 두텁게 쌓여 있고 예전에 베어낸 대나무 밑동들 속에 고여 있는 빗물 위에 낙엽이 떠 있었다. 막 솟아오르고 있는 죽순들이 하나 둘 눈에 띄었다. 죽순은 밑동이 굵고 윗부분이 뾰족한 것이 커다란 나사못 같은 형상이다.

죽순은 '겁나게' 큰다. 오죽하면 무서운 기세로 커가는 형세를 가리켜 '우후죽순'이라 하지 않던가. 그래서 대밭은 밤을 새고 나면 없던 대가 새로 생겨나고 해서 모양이 바뀐다. 죽순이 땅에서 올라올 때는 그 끝이 바늘같이 날카롭다. 장독이 빠개지고 돌도 뚫고 나온다는 말이 전혀 빈말은 아닌 것이다. 죽순이 이렇게 놀라운 성장을 할 수 있는 것은 대나무가 공동복합근 식물이라서 뿌리들이 모두 연결되어 있기 때문이다. 그래서 죽순을 없애기라도 할라치면 포클레인으로 대밭을 모두 엎어야 한다. 죽순이 날 때는 이 거대한 뿌리들이 축적한 영양가를 일시에 뽑아 올리므로 삽시간에 쑥쑥 클 수 있는 것이다.

죽순은 땅에서 약 20센티미터 정도 올라왔을 때 캐낸다. 그런데 죽순이 나는 대로 다 캐내버리면 대나무 밭이 남아나기는 할까 하는 조금 우스운 생각이 들어 남상관 씨에게 물어보니, 그렇게 다 뽑는 것은 아니라고 한다. "우선 1차로 나온 것은 그냥 놔두고 그 후에 나오는 것들을 뽑지요. 사실 다 뽑을 수도 없는 것이, 워낙 순식간에 커버리니 모르고 그냥 두는 것들도 있어요. 죽순이 얼마나 생명력이 강하냐 하면요, 일본에 원자폭탄이 떨어지고 나서 그 자리에 3년 만에 죽순이 났다고 해요. 그리고 뿌리들이 땅을 단단히 받쳐주는 힘이 얼마나 강한지 지진이 잦은 일본에서는 대나무가 많이 자라는 곳은 지진에도 안전하다는 말이 있을 정도예요."

죽순을 채취하면 일단은 삶게 되고, 그 후에 곧바로 요리를 해서 먹거나 아니면 소금에 절이는 염장을 해서 저장을 한다. 대밭에서 멀지 않은 김금순 씨(58세) 댁에서 그 일을 하고 있었다. 가마솥에서 김이 펄펄 나는 죽순을 끄집어내서는 연신 찬물을 부어

가며 식힌다. 그러고 나서 죽순의 껍질을 벗기는 것이었는데, 그렇게 단단하던 것이 바나나 껍질처럼 술술 잘도 벗겨졌다. "죽순은 생으로도 묵고 염장해서도 묵고 말려서도 묵제. 죽순회로 해서도 많이 묵는디, 그것말고도 전으로도 묵고 냉채 해서 묵고 구이해서 묵고 된장국에도 넣고 또 이것이 생선하고 궁합이 제일잉게로 같이 조려서 묵어도 좋제. 또 말린 거는 불고기, 탕에 넣어

도 좋고 나물 해서 묵기도 혀. 암튼 죽순으로 못 만드는 것이 없지라." 김금순 씨의 자랑은 끝이 없었다.

옆에서 김금순 씨와 같이 죽순 껍질을 벗기던 김길례 씨(67세)는 죽순 채취를 주로 한다. "이것이 겁나게 된 일이요. 죽순이 얼마나 무거운디. 또 5월 말에서 6월 말까정 많이 하는디 그때가 한창 모 숨굴 때라 겁나게 바뻐." 포대자루에 죽순을 예닐곱 개만 집어넣어도 20~30킬로그램은 거뜬히 나가는데 그런 것을 메고 다닌다는 것은 정말 힘든 일이리라. 햇볕에 그을린 그녀의 얼굴은 죽순처럼 갈색이었다. 대밭에서 죽순이 올라오는 소리가 들려왔다.

산수유의 왕국, 산동마을

햇볕이 따사로운 밭에서 두 내외가 한창 거름을 주고 있었다. 이제 봄이 되었으니 농사 채비를 하는 모양이다. 올 겨울은 유난히 오래 심술을 부렸지만 그럼에도 어김없이 봄은 찾아와 밭을 갈고 거름 뿌려 씨뿌리기를 재촉하고 있는 것이다. 출발할 때 입었던 두터운 외투를 벗어버리고 차 밖으로 나섰다. 할아버지는 산수유나무 아래서 잠시 쉬고 계셨다. 위안리 하위마을에 사는 구판암 할아버지(82세)였다. 산수유 꽃들이 할아버지 머리 위에 노랗게 피어 있었다. "이것은 내가 사십 년 전에 심은 거여. 이거 말고도 한 30주가 더 있는디 오륙십 년 된 것들도 많제."

이곳 구례군 산동면 일대는 산수유가 많이 나기로 유명한 곳이다. 전국 생산량의 60퍼센트 이상이 이곳에서 나는데 이미 수백

년 전부터 산수유를 키우기 시작했다고 한다. 산수유는 층층나무과에 속하는 낙엽 묘목으로 키는 7미터 가량이고 잎은 마주 나며 긴 달걀 모양으로 끝이 뾰족하다. 3월이면 노란 꽃이 피기 시작해서 한 달 가량 있다가 지게 되는데, 그 후에 잎이 나고 10월이면 길고 둥근 모양의 열매가 빨갛게 익는다. 열매는 한약재로 많이 쓰이는데 각종 성인병에 효능이 있다고 한다.

하위마을을 지나 상위마을로 가니 마을은 온통 산수유 꽃으로

뒤덮여 있었다. 밭은 물론이고 집 안에도, 돌담 옆에도, 골목길에도 산수유나무가 마을을 노란빛으로 물들여놓고 있었다. 골목을 지나다가 돌담 너머 한 농가에서 할머니 한 분이 함지박에 뭔가를 담아 나오시는 것을 보았다. 닭 모이를 주러 나온 김애임 할머니(70세)였다. 돌담을 돌아 댁으로 내려갔다. 할머니는 구례가 원래 고향으로 산수유농사를 지은 지 20년 정도 되었다고 하신다. "산수유를 따는 게 보통 일이 아니여. 열매를 따가지고는 그걸 일단 쫄여야 혀. 그라고는 기계로 다시 빻아갖고 햇빛에 말리는겨. 옛날에는 기계가 없었응께 다 손으로 빻는디, 하이고마 그게 얼매나 힘이 든지 말도 못 혀" 하며 고개를 절레절레 흔드셨다. 이렇게 다 말린 산수유를 집에서 다려 마시기도 하고 술을 담가서 마시기도 했는데, 요즘은 주로 외지에 내다 파는 것이 많다.

할머니가 산수유 다려 먹는 법과 술 담그는 것에 대해 설명해주었다. "물을 팔팔 끓여갖고 산수유를 쪼끔씩 넣어야 혀. 빨간물이 우러나올 때까정. 많이 넣으면 떫응께로. 그라고 술은 한 1년은 담궈놔야 산수유 맛이 제대로 배나오는겨." 할머니 댁에는 꿀통도 스무 통 정도 있었는데 산수유 꿀을 채취하는 것이라고 했다. 꿀이 잘 될 때는 한 통에 서너 되씩 나오기도 하는데, 이것도 산수유 꽃에서 나온 꿀이라 한방에서는 약효를 알아준다.

할머니가 잠시 있어 보라며 집 뒤로 가셨다가 되돌아 나오셨는

데, 손에 든 쟁반 위에 커다란 홍시가 몇 개 담겨 있는 것이 아닌
가. 너무나 뜻밖이라 어디서 나온 것인지 여쭈어보았다. 작년 가
을에 땄던 감인데 짚에다 싸서는 나무에 걸어놓았던 것이라고 했
다. 짚 속에서 차가운 바람과 눈을 맞으며 긴 겨울을 보내고 잘
익은 감이 되어 봄햇살 가득한 세상에 다시 나온 것을 보니 자연
의 신비에 감탄하지 않을 수가 없었다. 할머니와 나란히 봄볕 가
득한 마당에 앉아 홍시를 먹고 있자니 그 속에는 여느 홍시에서
는 찾아보기 힘든 여러 가지 맛이 났다. 짚 냄새와 바람의 숨결,
하얀 눈의 맛과 햇볕의 따스함이 어우러진 그 맛은 세상 어디에
도 다시 없을 맛이었다.

　할머니 댁을 떠나 돌아오는 길에 관산리 구산부락에서 다시 산
수유 꽃들과 마주치게 되었다. 넓은 콩밭이 있는 곳 옆에 산수유
꽃들이 드넓게 펼쳐져 있는데, 그 아래에서는 새끼 염소와 어미
염소가 한가로이 풀을 뜯고 있었다. 그리고 그 한쪽에서 밭을 매
고 있는 오인순 씨(66세)를 만나게 되었다. 할머니는 약 30년 전
에 산수유농사를 시작하셨다는데, 연세 때문에 많이 하지는 못하
고 열 그루만 키우고 계신다고 했다. 그런데 할머니는 많은 사람
들이 산수유 꽃을 보러 오는 것이 썩 달갑지만은 않은 것 같았다.
"사람들이 산수유 본다고 남에 밭을 하도 볿아상께(밟으니까). 밭
을 볿으면 땅이 딱딱해징께 잘 안 파진다 말이여. 산수유 보는 것

도 좋지만 제발 밭 좀 밟지 말고 다녔으면 좋겠어."

이제 산수유 꽃은 산동면을 한동안 예쁘게 물들일 것이다. 그 꽃들 속에서 사람들은 다시 찾아온 봄에 감사하며 씨 뿌려 열매 거두기를 준비할 것이다. 산수유 열매가 빨갛게 익어갈 때 그들의 논과 밭은 풍요로운 수확의 가을을 맞이하고 있을 게다.

큰스님 차 만드는 선운사

산사로 갈 때면 가슴 설레는 것이 있다. 특히 나무들이 푸르게 서 있을 때면 그 나무들이 줄지어 선 길이 눈앞에 펼쳐진다. 산사로 가는 길, 그 길에선 향기가 난다. 나무 향기, 꽃 향기, 멀리서 은은히 퍼져오는 향 내음. 그 길에서는 새들의 지저귐도 훨씬 청아하다. 길 옆으로 흐르는 물도 맑기만 하다. 그리 급하지 않은 경사의 길을 천천히 올라갈 때면 왠지 모르게 내가 뒤집어쓰고 온 먼지가 훌훌 털어져 나가는 것만 같다. 선운사 가는 길이 그랬다.

그 길을 얼마나 올라왔을까. 선운사가 보였다. 선운사는 백제 위덕왕 24년(577년)에 검단스님이 창건한 절이다. 선운사에서 차 재배를 맡고 있는 우룡 스님은 잠시 출타 중이었다. 절에서 올릴

제 준비 때문에 읍내에 나갔다고 했다. 마침 점심시간이 다 되어 밥 먹을 곳을 찾으니 절에서 밥을 먹으라고 한다. '아, 절에서는 밥을 주지.' 예전에 한 번 그렇게 밥을 얻어먹은 적이 있었던 것 같기도 한데. 정갈한 음식을 먹을 생각에 절로 기분이 좋아졌다. 차를 따다가 내려온 아주머니들, 스님들과 함께 밥을 먹었다. 생각했던 대로 절밥은 맛있었다. 고기 반찬이 없어서 속이 좀 헛헛할 것 같았는데 오히려 적당한 포만감마저 들었다.

예상했던 것보다 우룡 스님이 늦는 것 같아 차 따는 아주머니들과 함께 산으로 올라갔다. 절에서 멀지 않은 곳에 암자가 있었고 그 근처가 바로 차를 따는 곳이었다. 이곳의 차는 야생차가 거의 대부분이었다. 그래서 사람들은 산 여기저기 흩어져 있는 차나무들에서 잎을 땄다. 원래 옛날부터 스님들이 드시기 위해 심어놓은 것들이라 그런 모양이었다. 잠시 후 우룡 스님이 오셨다. 스님에게 선운사 차에 대해 자세히 들을 수 있었다. "선운사 차가 문헌에 나오는 것은 『동국여지승람』에 무장현 토산품으로 소개된 것이 처음이지만 백제시대로 거슬러 올라가는 절의 역사로 봤을 때 그 이전에도 차를 땄으리라는 것은 쉽게 짐작이 되지요. 또 선운사는 해풍이 직접 닿지 않고 산을 하나 넘어서 오기 때문에 절의 이름에도 나와 있듯이 구름이 많고 안개가 자주 끼지요. 차가 자라는 데 가장 중요한 것이 습도인데, 이런 기후 때

문에 선운사는 차가 자라기에 아주 좋은 조건을 갖추고 있어요."
야생 차밭으로는 선운사가 우리나라에서 제일 큰데 그 넓이가 무려 2만여 평이다. 법당 뒤를 휘감아 도는 산자락에서 주로 차를 딴다. 그 유명한 선운사의 동백나무 그늘 아래로 차가 자라고 있는 것이다.

스님과 잠시 헤어져 차 따는 사람들에게 가보았다. 대부분이 절 근처에 사는 사람들이었다. "보통 아침 7시쯤 해서 차를 따기 시작해서 날이 어두워질 때까정 해. 지금 따기 시작해서 앞으로 몇 물은 따는디, 음력 7월까정 따지." 열일곱 어린 나이에 시작해서 벌써 60년이 넘게 차를 따고 있는 이순애 할머니(78세). 할머니는 여름에 일하기가 제일 힘들다고 하셨다. "날 더우면 비암 나오고 벌 나오고 해서 힘들어. 이렇게 하루 종일 일해도 한 사람 앞에 한 1킬로 따질 거야. 밭에 재배한 놈 안 같고 자연이라 얼매 못 따." 그러다 목이 마른지 바위 틈에 놓아둔 주전자를 찾아 물을 벌컥벌컥 들이켰다. 급한 경사의 산을 오르며 여기저기 숨어 있는 찻잎을 따는 일은 옆에서 보기에도 꽤 힘들어 보였다. 차나무가 다른 잡목과 풀들에 섞여 있어 언뜻 봐서는 찻잎을 골라내기가 어려울 것도 같았는데 할머니는 잘도 골라내셨다.

찻잎 따기가 끝나고 찻잎을 모아 가는 사람을 따라 '덖음' 하는 곳으로 가보았다. 차를 오래 보관하려면 솥에서 여러 번 덖음을

해야 하는 것이다. 절 한쪽 점심밥을 먹었던 곳에서 멀지 않은
곳에 가마솥이 걸려 있고 그 앞에는 넓은 평상이 있었다. 찻잎이
도착하자 아직 법명을 받지 못한 행자들이 가마솥을 씻기 시작했
다. 우룡 스님도 그곳에서 일을 도와주고 계셨다. 가마솥을 다
씻자 불을 지피고 본격적인 덖음이 시작되었다. 뜨거운 가마솥
에 잎을 넣고는 양쪽에서 두 사람이 잎이 타지 않도록 휘휘 저어

주었는데, 그렇게 한 번 덖음이 끝나면 이제는 평상 위의 멍석에
다 놓고 잎을 비벼대었다. 이 과정이 '유념'이다. 한참 유념을 하
던 임갑순 할머니(78세)가 한마디했다. "이것이 작살나게 비빈다
고 작설차여. 몇 번을 비비고 솥에 또 볶고 해서 완전히 빠삭빠
삭하게 볶아야 내년 여름까정 암시롱 없제. 뭉치놈이 볶아지면
풋내 나서 못 먹어." 그렇게 덖음을 하고 유념을 한 차는 다른 평
상에서 식혀졌다. 정말 손이 많이 가는 일이었다. 올해는 윤달이
끼어서 7월 말까지 차를 딸 거라고 하는데, 언제 한 번 선운사에
다시 들러 그 차 맛을 볼 요량이다.

소나무의 바다, 울진의 송이마을

차는 아까부터 울퉁불퉁한 산길을 끝도 없이 오르고 있었다. 이 길을 임도라고 한다. 나무를 벌채해서 나르거나 산불이 났을 때 화재 진압을 위해 이용하기도 하는 길이다. 폭이 좁아 차 한 대가 겨우 지나갈 만한 길이었다. 길 옆으로는 산이 있고 절벽도 있는 그 길을 한참 가다 보니 왼쪽으로 탁 트인 풍경이 나타났다. 굽이굽이 산이 보이고 멀리 바다가 보였다. 동해바다였다.

산은 온통 소나무로 뒤덮여 있었다. 저기 보이는 동해가 물의 바다라면 이곳은 소나무의 바다였다. 키 큰 소나무들이 쭉쭉 뻗어 거대한 숲을 만들고 있는 것은 정말 멋진 광경이었다. 한껏 숨을 들이마셔 보았다. 시원한 솔향이 가슴을 가득 채웠다. 이런 곳에서 송이가 자라는구나……. 송이가 아닌 다른 어떤 것이라

도 이곳에서는 그저 좋은 것만 나고 자랄 성싶었다. 식물이든 동물이든 사람이든 간에…….

바다가 보이는 곳에서 10여 분을 더 갔을까. 천막이 군데군데 쳐져 있는 곳이 나타났다. 송이를 채취하는 사람들이 묵고 있는 곳이다. 송이는 워낙 깊은 산 속에서 자라기 때문에 채취를 하는 시기에는 아예 산에서 먹고 자고 하면서 캔다. 산길을 내려가다 보니 시냇물이 흐르고, 그 위에는 작은 나무다리도 보였다. 물이 있고 해서 이곳에 숙소를 정했나 보다. 천막 앞에 두 사람이 있었다. 장헌수 씨(48세)와 최순금 할머니(70세). 장헌수 씨가 주로 송이를 캐러 다니고, 최순금 할머니는 송이도 캐지만 식사를 장만하는 것이 주된 일이었다. "음력으로 8월 초에 들어왔으이 한 열흘쯤 됐지요. 여가 하도 첩첩산중이 되나가요, 한 번 들어오모 나가기가 어렵아가 한 달은 그냥 여서 밥 해묵고 잠자가면서 살아요. 6·25 뒤에 시집와가 송이 캐기 시작했으까네 한 50년이 다 돼가네요." 그러고 보니 할머니 바로 뒤의 투명한 비닐 천막 안에는 냄비며 그릇, 수저 등이 깔끔하게 정돈되어 있었다. 저곳이 음식을 장만하는 곳인가 보다.

두 사람은 근처 마을에서 살고 있다. 마을에선 각 집에서 한 사람씩 나와서 공동으로 송이 채취를 하고 수익을 공동으로 분배한다. 보통 9월 초·중순경에 시작하는 송이 채취는 많이 날 때는

11월까지 할 때도 있다. 송이는 소나무 숲에서 많이 나는데, 그 이유는 송이가 소나무 뿌리와 공생하여 자라는 버섯이기 때문이다.

장헌수 씨를 따라 송이를 찾아 나섰다. 짧은 작대기를 든 그는 산을 올라가면서 소나무 아래를 유심히 살폈다. 작대기로 여기저기 떨어진 솔잎을 뒤적이던 그가 이윽고 송이를 발견했다. 송이는 둥그런 머리를 쑥 내밀고 있었다. 송이가 상할까 봐 아주 조심스럽게 캐내는 것을 보니 옆에 있는 나까지 숨이 막힐 듯 긴장이 되었다. 그렇게 조심조심 캔 송이는 얼추 어른 손바닥보다 더 컸다. 그런데 이 정도는 그렇게 큰 것도 아니다. 몇 년 전에 정말 큰 송이가 난 적이 있는데, 2킬로그램이 넘는 것이었다. 드물게 큰 것이라서 사람들이 하도 만지다 보니 나중에는 홍시처럼 말랑말랑해졌단다. "새벽 5시부터 산에 가는데요. 하루 종일 산을 뒤쟈가 마이 캘 때도 있지만 디게 적을 때도 있어요. 송이가 잘 클라 카모 8월 중순쯤에 태풍이 한 번 와가 비를 좀 뿌려조야 되는데 올해는 비가 마이 안 와가 송이가 좀 적네요." 다시 산을 타면서 장헌수 씨가 한마디 했다. 그러다가 여기 와서 보라며 꽃을 하나 가리켰다. 송이가 나는 산에 있는 꽃으로 일종의 지표식물인데, 원래 이름은 애기며느리밥풀꽃이지만 여기서는 송이꽃으로 부르기도 한다. 꽃은 아주 여리게 생겼다. 색깔은 진달래와

흡사했는데 마치 송이에게 시집온 각시 같았다.

산을 떠나서 채취한 송이를 선별하는 곳으로 가보기로 했다. 온 길을 다시 돌아 읍내로 갔다. 오는 길에는 송이 축제를 알리는 현수막도 걸려 있었는데, 축제는 10월 6일에서 7일 사이에 벌어진다. 읍내에 커다란 창고가 하나 있고 그곳에서 사람들이 차로 송이를 실어오고 선별하고 있었다. 이곳이 울진군에서 나는 송이가 모두 모이는 곳이다. 송이는 크기와 모양에 따라 4등급으로 나뉜다. 그런데 이곳에서 선별을 하는 사람들은 모두 산림조합에서 나온 사람들로 선별원 자격을 가진 사람들이다. 송이가 아주 귀하고 값비싼 것이라 아무나 선별을 할 수 없는 모양이다. 송이 가격과 수확량을 물어보았다. "올해는 특상품 1킬로그램이 43만 원까지 가네요. 물량은 많이 날 땐 2백 톤까지 날 때도 있지만 적을 땐 10톤이 나는 해도 있고요." 선별한 송이 박스를 나르던 송재순 씨(34세)가 잠시 일손을 멈추고 설명해 주었다. 정말 송이가 귀하긴 귀한 것인가 보다. 1킬로그램에 43만 원이라니. 한 박스도 아니고. 그래서 옛날부터 송이 자라는 데는 자식에게도 안 가르쳐준다는 말이 생겼나 보다. 박스 안에는 갈색의 커다란 송이들이 가득 들어 있었다. 문득 산을 타고 다니던 장헌수 씨의 모습이 떠올랐다. 그리고 냇가에서 산나물을 씻던 최금순 할머니의 모습도. 커다란 바다로 출렁이던 소나무 숲도.

외딴 마을 간이역, 승부

봉화역을 떠난 지 얼마 되지 않아 밖이 조금씩 밝아오기 시작
했다. 높은 산들의 푸른 기운이 햇빛마저 탈색시켜 버려 창 밖의
풍경은 무척이나 서늘하게 보였다. 그렇게 한 시간여가 지나자
우리나라에서 가장 외딴 역이 나타났다. 승부역이었다. 사람들
몇몇을 다시 태우고 기차가 떠난 후, 발걸음을 돌려 출구를 찾는
데 조금 황당한 일이 생겼다. 출구가 보이지 않는 것이었다. 방
금 기차에서 내린 사람들은 사방으로 흩어져서 자기 발길을 재촉
하고 있는데……. 차표를 쥐고 엉거주춤 서 있다가 역무원에게
물어보았다. "여기는 출구가 따로 없어요. 그냥 아무 데로나 나
가면 돼요." 차표도 플랫폼의 의자 같은 데다 던져두거나 하면
그걸로 그만이란다. 황당한 일은 그게 전부가 아니었다. 아침식

사를 하러 혹시나 하고 식당을 찾으니, 아니나 다를까 식당은커녕 가게마저 한 군데도 없단다. 난감해하는 나를 보고 역무원은, 지금 이 시간에는 마을 사람들 모두가 벌써 아침을 먹었을 거라며 일단 역무실로 가자고 했다.

역무실에는 두 사람이 더 있었는데, 안병욱 부역장(45세)과 오정훈 주임(33세)이었다. 승부역은 사방이 온통 산이고 앞쪽에는 낙동강 상류가 흐르고 있어 육로가 거의 발달되지 않았다. 그래서 승부역으로 오는 교통수단은 기차가 유일하다시피 하다. 그런데 주변 마을 주민들은 농번기에는 바빠서 열차를 이용하는 일도 거의 없어, 승부역의 고정 승객이라 해봐야 이곳에서 가까운 석포로 통학하는 중학생 두 명과 초등학생 세 명 이렇게 총 다섯 명이 고작이다.

이곳을 지나는 열차는 많지만 정차하는 것은 통일호 상하행을 합해서 하루 네 번뿐이다. 무궁화호와 화물차는 그냥 통과하는데, 영동선이 단선이라 상하행 교차시에만 역에서 다른 열차가 지나가길 기다리느라 잠시 멈추어 선다. 이렇게 적막한 곳에서 근무하는 역무원들에게 가장 견디기 힘든 것은 외로움이다. 그래서 마을 주민들과 친하게 지내다 보니 마을에서 김장이나 밥을 지어 가져다주기도 하고 역무원들은 주민들에게 커피를 대접하곤 한다.

역에는 네 명의 역무원 외에도 일곱 명의 선로반원과 전기보안원(전기 보수 담당)이 근무하고 있었다. 선로반원과 전기보안원은 아침에 출근해서 저녁이면 퇴근하지만 역무원들은 격일제로 24시간씩 근무한다. 역무원—정확한 명칭은 운전 정리원—의 주된 임무는 열차의 운행이 원활하도록 신호집무전호를 하는 것이다. 이것은 우리가 역에서 자주 볼 수 있는 일인데, 바로 주간에는 깃발로, 야간에는 불빛으로 역에 진입하는 열차에 신호를 보내는 것이다. 이것은 선로에 이상 여부를 기관사에게 알려주고 또 혹시나 기관사가 졸고 있지는 않은지 확인하는 절차인데, 이 신호를 보고 기관사는 기적을 울리거나 불빛으로 역무원에게 응답을 하게 된다.

역무실에서 아침을 맛있게 얻어먹고 역 주변을 돌아보기로 했다. 역 옆쪽으로 돌아가자 암벽에 누군가가 하얀 글씨로 시를 적어놓고 그림도 그려놓은 것이 눈에 띄었다. 다른 곳에서라면 볼썽사나울 수도 있었겠지만 이곳의 분위기와 잘 어울려서 운치 있게 보였다. 그리고 또 양쪽으로 터널이 뚫려 있었는데, 한쪽 터널 앞에는 꽤 긴 철교가 놓여 있었다. 그곳으로 가다 보니 마을에서 주민 한 명이 지게를 지고 내려왔다. 산에 나무를 하러 가는 사람이었다. 그러고 보니 아까 오정훈 주임이 하던 말이 생각났다. "여기는 하도 오지라서 다들 아직도 나무 때고 살아요."

한편 철로에서는 선로반원들이 한창 자갈을 레일의 위쪽 부근으로 퍼올리고 있었다. 기차의 진동으로 자갈이 자꾸 밑으로 쓸려 내려가는 모양이었다. 선로반원들의 집은 주로 이곳에서 많이 떨어진 예천이나 점촌에 있기 때문에 역 옆의 관사에서 살다가 주말이나 되어야 집에 갈 수 있다. 그날이 마침 토요일이라 곧 집에 간다는 기대 때문인지 약간 들뜬 듯한 분위기였다.

한참 있으려니 오정훈 주임이 철로 청소를 하러 나타났다. 열차에서 흘러내린 윤활유를 긁어내는 작업이었다. 오 주임이 좀 앳되게 보여서 나이를 물으니 스물아홉이라 한다. 그는 집이 그리 멀지 않은 영주라서 (역무원들의 집은 모두 영주다) 쉬는 날에는 집에 간다. 역무실에 돌아와서 안병욱 부역장과 이런저런 이야기를 나누었다. 역무원으로 일한 지 벌써 20년째인데, 예전에 매표원으로 근무하면서 가출 청소년들을 집으로 돌려보낸 일이 가장 기억에 남는다고 한다. "처음엔 다들 딱 잡아떼지. 친척집에 간다느니 친구집에 간다느니 하면서. 근데 난 딱 보면 알겠는 거야. 그래서 애들 집에 전화를 하면 부모들이 꼭 잡아놓고 있어 달라고 하고……." 승부역에 온 지는 1년이 다 되어가는데, 처음에는 무척 적적했지만 요즘은 서울에서 이곳 승부역과 추전역을 순환하는 열차가 겨울에 다녀서 조금 외로움이 덜하다고 한다.

승부역은 원래 눈이 많은 곳이다. 한창 추울 때는 영하 20도까지 수은주가 내려가는 곳이기도 하다. 그래서 은근히 눈을 기대하고 이곳을 찾았지만 막상 요즘은 눈이 많이 오지 않는다고 한다. 하지만 이번에 승부역에서 만난 것은 눈보다 훨씬 값진, '사람들'이었다. 그들은 이 외로운 간이역에서 외로움과 싸우며 이곳을 따뜻한 인정으로 감싸안고 있었다.

상주 곶감 타래

선홍의 감들이 눈에 들어왔다. 새파란 하늘에 동동 떠 있는 예쁜 감들. 어린아이 볼기짝같이 사랑스러워서 손으로 살며시 만져보고 싶어졌다. 매끌매끌한 감촉이 손끝으로 전해지는 것 같았다. 저 감을 반으로 쪼개면 속은 또 얼마나 먹음직스러울까. 물기가 함초롬히 배어 있는 몰캉몰캉한 것을 씹다 보면 입안으로는 감물이 쏙쏙 배어들 것이다.

유곡리 어귀에서 한창 감을 따고 있는 사람들이 있었다. 감나무가 하나 둘씩 띄엄띄엄 있는 다른 곳과는 달리 여기는 열 그루가 넘는 나무들이 줄을 지어 서 있었다. 다른 지방에서는 손이 닿는 곳은 그냥 서서 따고 그렇지 않으면 나무에 올라가서 그리 길지 않은 나무 작대기로 따곤 했는데, 이곳의 감 따는 방법은 조

금 달랐다. 워낙 감이 많이 열려서인지 크기가 조금씩 다른 아주 긴 작대기들로 가지를 마구 흔들어 감을 따는 것이었다. 물론 감이 상하지 않게 땅바닥에는 그물을 펴놓고 스티로폼을 깔아놓고 있었다. 끝에 갈고리가 달린 작대기로 한 번씩 가지를 흔들 때마다 감이 수십 개씩 떨어졌다. 꼭 밤을 따는 것 같았다.

정말 감이 많이 열린 나무였다. 감을 따던 유승우 씨(40세) 말로는 많이 열리는 것은 1천 개가 넘게 달리기도 한단다. "한로 지나가 10월 초부터 따기 시작해서 한 11월 초까지 따요. 된서리 오기 전에 다 따야 되는데 된서리 오모 마 감 끝이 다 물라뿌거든요. 이기 퇴비를 마이 조야 됩니더. 비료만 막 하모 감이 맛이 없지요." 옆에 있던 동생 유승호 씨(39세)가 농주 한 잔 하라고 권한다. 어느새 다른 사람들은 감나무 밭 한쪽에 둘러앉아 막걸리 사발을 들이켜고 있었다. 일 때문에 안 된다고 하였지만 한 잔 가지고 뭘 그러냐며 권하는 통에 할 수 없이 한 잔 받아 마셨다. 그런데 세상에, 이렇게 맛이 좋을 수가. 원래 막걸리를 별로 좋아하지 않는 편인데도 일만 아니라면 한 잔 더 청하고 싶을 정도였다.

유씨 형제의 감나무 밭은 감나무가 전부 1천 주 정도 되는데, 1년에 약 60~70동(감 1만 개의 단위)의 감을 딴다. 감은 저장성이 좋지 않고 그 비용도 만만치 않은 데다 운반하기도 까다로운 것

이라 곶감으로 만드는 것이 훨씬 부가가치가 높다. 그래서 상주에서는 감을 거의 다 곶감으로 만들어 파는데, 전국 생산량의 60퍼센트를 이곳에서 생산한다. 이 지방에서는 '둥시'라는 감 품종을 주로 재배하는데 이것이 곶감 만들기에는 제일이다. 둥시는 생감인 상태에서는 아주 떫지만 깎아서 말리면 당분이 생겨 당도가 높은 곶감이 된다. 또한 다른 감으로 곶감을 만들면 속이 비고 딱딱해지는 데 반해 둥시는 말랑말랑한 젤리 형태의 속이 꽉 들어찬다. 감은 추운 곳일수록 맛이 좋은데 둥시를 재배할 수 있는 가장 추운 곳이 바로 상주다. 더 남쪽에서는 주로 홍시로 만들어 먹는 단감을 재배한다.

요즘도 까치밥으로 꼭대기에 감을 남겨놓느냐고 묻자 승호 씨가 손사래를 치며 웃어넘긴다. "하이고 옛날에야 까치가 귀해가 남가두고 했지만 요새는 까치랑 전쟁이라요. 인자는 택도 없지요" 한다. 까치가 과수에 끼치는 손해가 심각해서 까치밥을 남겨놓는 것은 이제 먼 옛날의 이야기가 되어버렸다.

가까운 곳에 곶감을 만드는 작업장인 '감타래'가 있어 가보기로 했다. 김장희 씨(34세)가 주인인 감타래. 꽤 넓은 곳이었는데 작업장 안에는 20명 정도의 사람들이 일을 하고 있었다. 한쪽에 쪼그려앉아 감꼭지를 치시던 하을분 할머니(65세). "감 싣고 와가 저기다가 부모 우리가 여기다 꼭지 쳐가 저쪽에 감 깎는 데로

보낸다 아이가. 하이고 궁디 아파 죽겠어. 이레 일해가 하루 2만 원이나 벌모 파스 값으로 다 나간다" 하시는데 그러면서도 일하는 손을 멈추지 않는다. 감 깎는 작업은 바로 옆쪽에서 모터가 달린 기계로 하고 있었다. 빙빙 돌아가는 기계에 감을 끼우고 감자 깎는 칼처럼 생긴 것을 감에다 대면 껍질이 끊어지지도 않고 순식간에 술술 벗겨지는 것이었다. 얼마나 많이 깎아놓았는지 기계 옆은 감 껍질로 수북해서 발 디딜 틈도 없었다. 이제 꼭지를 치고 껍질도 벗겼으니 걸어서 말리는 일만 남았다.

다른 곳에서는 감타래에 감을 거는 작업이 한창이었다. 각 층마다 2단으로 사람 키보다 더 높게 틀을 만들고 그 사이에 가로로 막대를 걸친 후에 막대 밑으로 줄을 드리워 거기다 하나씩 감을 매다는 작업이었다. 눈대중으로 줄 하나에 감이 스무 개가 넘게 걸리는 것 같았다. 감을 매다는 것은 언뜻 보기에는 간단해 보였는데, 감꼭지에다 줄을 두세 번 감아서 걸면 되는 것처럼 보였다. 하지만 이것도 요령이 필요해서 처음 하는 사람은 감이 그냥 흘러내려 버리는 일이 많다고 한다. 또 잘 건조시키려면 감 사이의 간격도 맞춰줘야 할 것 같았다. 이렇게 걸어놓고 한 달이 지나면 속은 홍시 겉은 곶감인 반건시, 45일이 지나면 완전한 곶감인 건시가 된다.

아침 8시에 나와서 밤 10시까지 불을 밝혀놓고 일을 하는데, 감이 다 익기 전에 빨리 깎아서 말려야 하기 때문이다. "배고플 때 이거 하나씩 먹으모 속이 든든하이 좋지. 옛날에야 우유도 없제, 젖은 작제, 먹을 게 머 있나. 그래가 숟가락으로 홍시 떠가 멕이고 했지. 약도 없으이 아들 설사하모 노골노골한 죽매로 삶아가 멕이기도 했고. 이만한 대소쿠리 하나에 까득 담아가 한겨울 내내 다 묵았지." 손을 한껏 크게 벌려 보이며 웃으시는 유예봉 할머니 (72세). 샛노란 감만큼이나 화사한 할머니의 웃음이 참 좋았다.

돌밭

강원도 홍천 자운리에 사는 최옥남(57세) 씨가 밭에서 돌을 골라내고 있다.
이 밭에서는 작년에도 농사를 지었는데, 땅이 좋지 않아서 매년 이렇게 돌을
골라내주어야 한다.

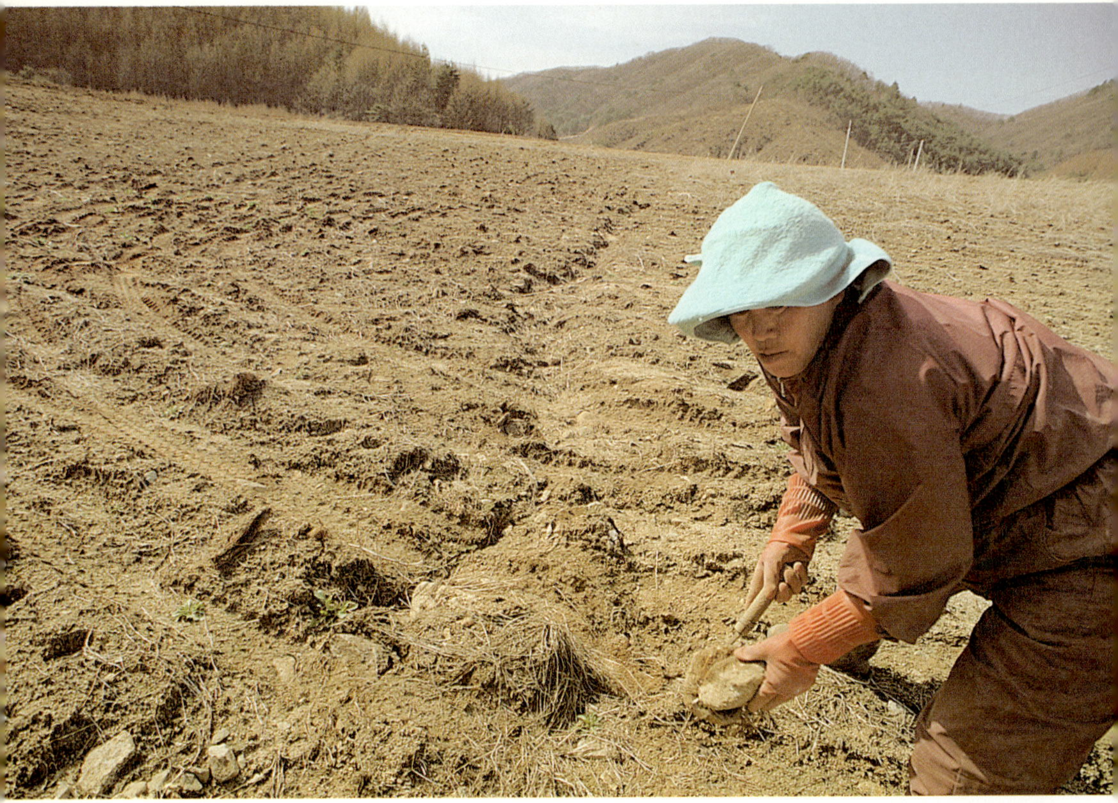

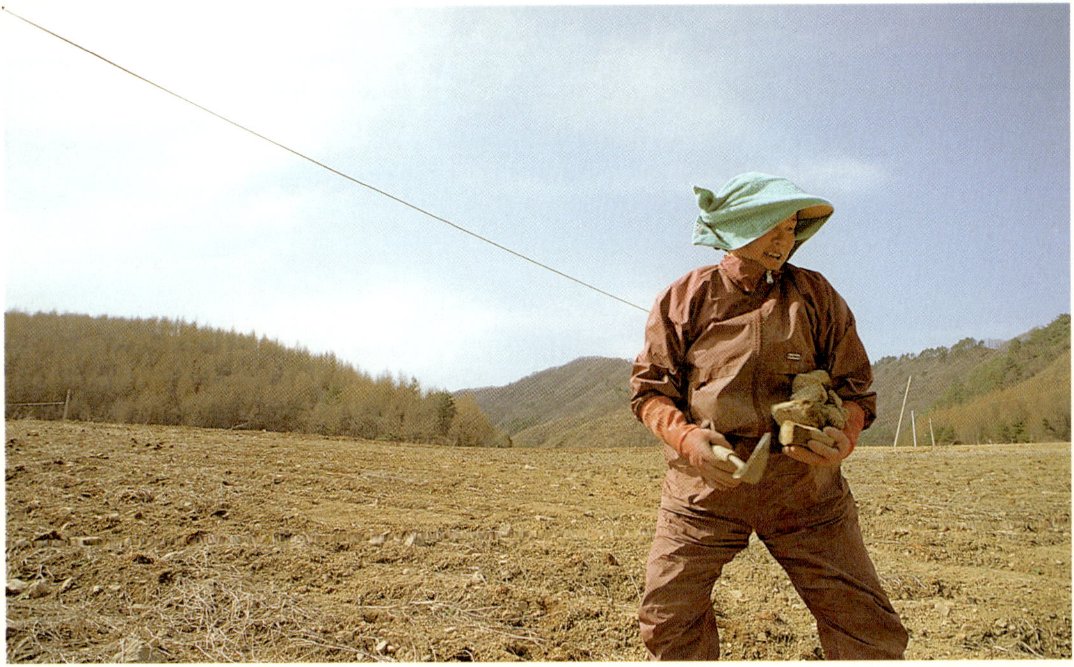

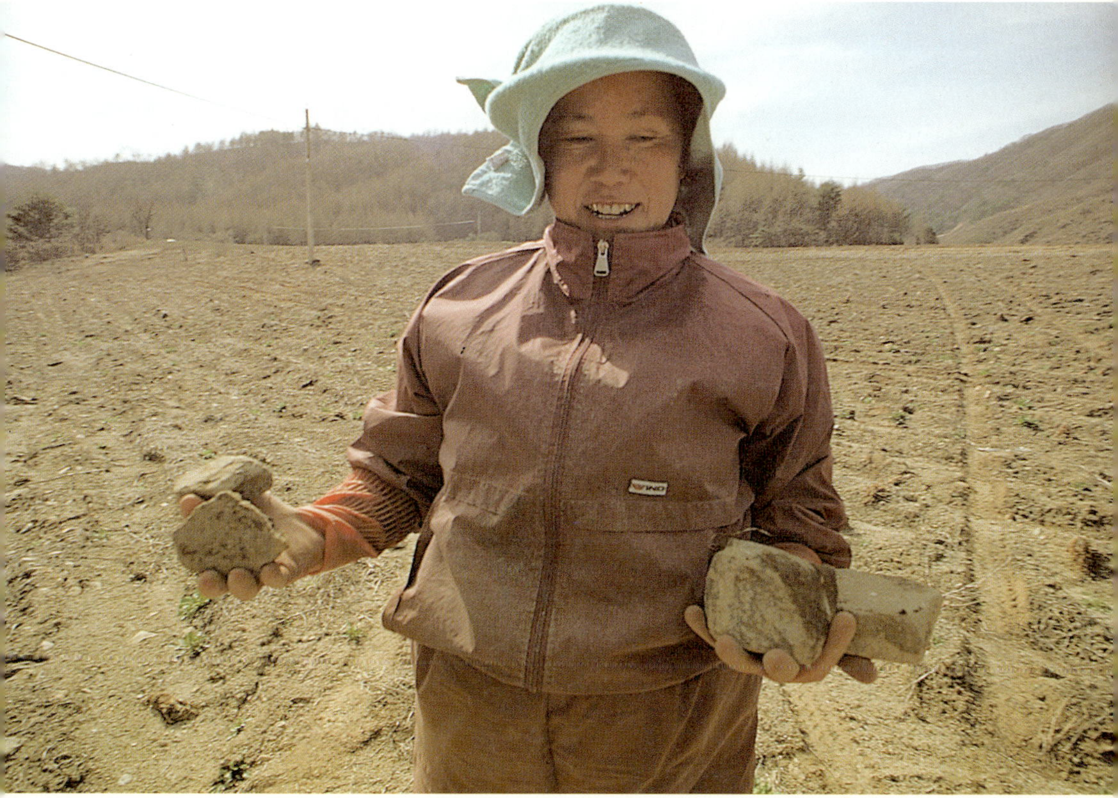
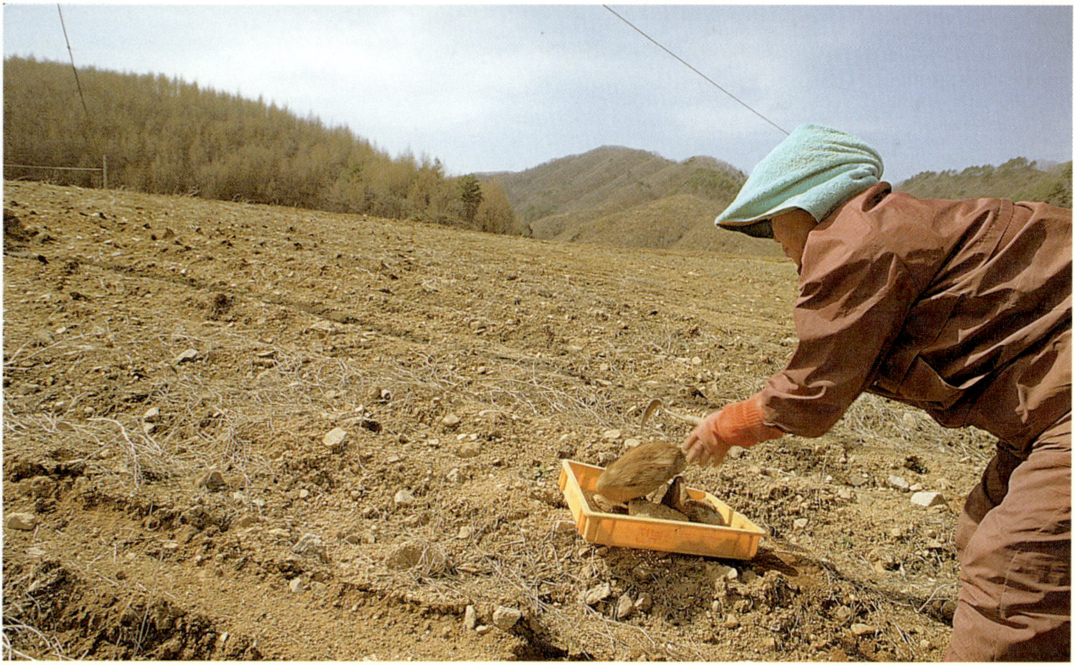

마라도의 자장면집

수화기 너머 들리는 목소리에 파란 물이 배어 있는 듯했다. 짐 짓 딴청을 부리다 물어본 그의 나이는 스물다섯. 쑥스러운 듯 미 소짓는 얼굴이 눈에 선했다. 혹시 머리라도 긁고 있는 것은 아닐 까. 식당 주인이 되기에는 조금 이른 나이지만 그래도 방빛남 씨 는 어엿한 사장님이었다. 굽이굽이 흘러 내려온 반도의 남쪽 끝 마라도에서 그는 자장면집을 하고 있다.

빛남 씨는 원래 미대에 다니는 대학 2년생이었다. 서양화가 그 의 전공이다. 자장면집을 시작한 것은 작년에 군대를 갔다온 후 이다. 우연히 텔레비전을 보다가 그가 살고 있는 마라도가 등장 하는 광고를 보게 되었다. 개그맨 김국진과 이창명이 나오는 한 이동통신회사 광고에서 이창명은 자장면 하나를 배달하려고 산

넘고 물 건너 죽을 고생 끝에 겨우 도착해서는 "자장면 시키신 분!"을 힘차게 외친다. 그때 휴대폰 벨소리가 울리고 김국진의 얄미운 한마디, "나 마라도로 옮겼어." 물론 마라도에서도 휴대폰 통화가 된다는 것을 보여주려는 것이었겠지만, 문득 마라도가 그 흔한 자장면도 먹을 수 없는 곳인가, 하는 생각이 들더란다. 그래서 복학을 기다리다가 재미 삼아 자장면을 만들어 팔게 되었다.

마라도는 무척 작은 섬이다. 느긋한 발걸음으로도 한 시간이면 충분한 이곳에 그의 가족이 옮겨와 살게 된 것은 벌써 15년 전의 일이다. 그 전에는 제주도에 살았는데, 이곳 교회에 목사님으로 부임하신 아버님을 따라 마라도에 오게 되었단다. 슬래브 건물 옆으로 '나의 사랑 마라도'라고 쓴 팻말이 보인다.

"저는 여기가 정말 좋아요. 복잡하게 이것저것 생각하지 않고 자연 속에서 단순하게 살 수 있으니까요. 하늘, 땅, 바다, 풀, 이런 것이 제가 제일 좋아하는 것들인데 여기서는 그런 것들을 마음껏 볼 수 있잖아요."

빛남 씨 어머니가 주방에서 그를 불렀다. "빛남아, 빛남아 일로 와보그래이." 그의 어머님은 경상도가 고향이다. 나도 따라 주방에 들어가보았다. 좁은 주방에서는 할머니가 채소를 손질하고 어머니가 자장을 만들고 계셨는데, 면을 뽑는 것이 그의 일이다. 잘 아는 요리사가 가르쳐준 것이라고 한다. 8월 중순, 가만히

있어도 땀이 줄줄 흘러내리는 판에 열기가 후끈한 주방에서 세
사람의 손놀림은 분주하기만 했다. 빛남 씨는 하얀 면발을 쉴 새
없이 뽑아내고 있었다.

그의 하루 일과는 정신 없이 바쁘기만 하다. 아침 7시에 깨어
나서 밤 11시에 잠들기 전까지, 허드렛물로 쓸 물을 물탱크에 채
우고 식당 청소하고 자장면 재료 만들고 반죽하고 면발 뽑고 선

착장에 물건 실으러 나가고 자장면 배달도 하고. 눈코 뜰 새 없이 바쁘다 보니 그의 얼굴과 몸은 햇볕에 검붉게 타고 팔에는 굵은 근육이 잡혀 있다. 마라도는 원래 할 일이 많은 곳이란다. "여기는 상수도가 없으니까 물을 길어서 써야죠, 도로나 하수도도 직접 관리해야 하죠, 비 오면 흙탕물 천지가 되니 그것도 손을 봐야죠, 풀도 자라니까 베고 치우고 해야 되고, 하여튼 온갖 자질구레한 일이 다 생기니까요." 제일 힘든 일이 뭐냐고 물어보자 뜻밖에도 이곳에 오는 사람들을 설득시키는 일이란다. 사람들이 식사나 민박을 하면서 육지에서의 버릇대로 여러 가지 것들을 찾는데, 없는 물건이 많은 곳이라 찾는 물건이 없다고 하면 이해를 하지 못한다고 한다. 그리고 물을 아껴 쓰라고 하면 왜들 그렇게 싫어하기만 하는지.

주민이 70여 명밖에 되지 않는 마라도에는 없는 것이 너무 많다. 공사를 하다가 못 하나가 없어도 공사를 중지하고 가까운 제주도에서 사다 날라야 한다. 그래도 역시 제일 아쉬운 것은 물이다. 제주도의 다른 새끼섬인 우도에는 바닷물을 민물로 바꿔주는 담수시설이 되어 있다는데, 마라도에는 언제나 그런 것이 생길까.

쉴 새 없이 바쁜 빛남 씨를 두고 섬을 한 바퀴 돌아보기로 했다. 시야의 한계를 벗어난 바다. 동해 바다만 넓은 줄 알았던 나에게 그것은 새로운 세계였다. 누런 풀들이 바람에 누웠다가 쉬지도 않고 다시 일어나고, 풀이 자라지 않는 곳에는 검은 바위들이 빛나고 있었다. 그 밑으로 까마득히 내려다보이는 푸른 바다는 아찔하기만 하다. 발길을 돌려 섬 주위를 돌다 보니 새하얀 건물이 눈에 들어온다. 최남단 마라도를 밝혀주는 등대가 그곳에 있었다. 작은 섬에 어울리지 않을 정도로 큰 등대와 등대지기들이 사는 건물이 하얗게 빛나고 있는 것을 보니 갑자기 시간이 정지된 어느 낯선 공간에 온 듯한 착각에 빠져버렸다. 그리고 멀지 않은 곳에 그의 아버님이 목사로 계시는 교회 건물도 보였다. 낮은 언덕에 누워 있는 이 교회에서 그도 찬송을 하고 기도를 올리리라. 힘든 하루를 보내고 그가 섬기는 신에게 올리는 기도는 어떤 것일까.

그와 다시 마주 앉게 된 것은 밤 10시가 조금 넘은 시각. 늦은 저녁과 샤워를 마친 빛남 씨의 얼굴은 조금 피곤해 보였다. 섬이 참 평화로워 보인다고 했더니 그렇지만은 않다고 한다. "여기선 제일 겁나는 게 태풍입니다. 10년 전에 아주 큰 태풍이 덮친 적이 있었어요. 그때 섬의 집이란 집은 전부 엄청난 피해를 입었죠. 돌담에 슬레이트로 지은 집들이라 태풍을 당해낼 수가 없었던 거죠. 지금 있는 집들은 그때 이후에 다 새로 지은 것들이구요."

지금이야 이곳 마라도에도 전기가 들어오지만 예전에는 소똥

을 연료로 썼단다. 그걸 말려서 태워가지고 필요한 화력을 얻었나 보다. 그래서 집집마다 소들을 많이 키웠다고 한다. 제주도에서 오는 배도 한 달에 한 번 뜰까 말까 했는데, 그나마도 바람이 조금만 불면 결항하기 일쑤였다.

요즘은 태풍주의보만 내리지 않으면 하루에도 여러 번 배가 뜬다. 이 섬에 전기가 들어오게 된 데에도 우여곡절이 많았다. 처음에는 풍력 발전기를 설치했는데, 마라도 바람이 얼마나 센지 그 큰 것이 바람에 날려 가버렸다. 다음에 더 단단한 것을 설치했는데 그것마저 날아가버렸다. 그래서 지금은 태양열 발전기가 돌아가고 있는데, 이것이 하루에도 몇 번씩 정전을 일으킨다고 한다.

이튿날 섬을 떠나려는데 부슬부슬 비가 내렸다. 두 달 만에 내리는 비라고 한다. 비가 이렇게 고맙게 느껴질 때가 있다니. 그의 걱정도 조금은 덜어지겠구나. 생수며 식료품들을 실어 나르려고 선착장에 나온 그와 같이 서 있는데 갑자기 빗발이 엄청나게 세지는 것이 아닌가. 무엇보다 카메라가 걱정이 되었는데, 말도 없이 사라졌다 돌아온 그의 손에 노란 우의가 들려 있었다. 급한 마음에 제대로 인사도 못 하고 허겁지겁 배에 올라타니 어느새 그는 생수 박스를 들고 계단을 오르고 있다. 세찬 빗줄기와 배의 엔진 돌아가는 소리, 사람들의 떠들썩한 말소리에 섞여 빛남 씨의 모습이 아련히 멀어져 갔다. 그때 우의를 돌려주지 못한

212

것이 문득 생각났다. 이걸 구하려면 또 얼마나 힘들 것인가. 돌아가면 우의 하나 구해서 부쳐주어야겠다. 또 요긴하게 쓸 만한 게 뭐가 있을까 생각하는 사이 배는 마라도를 저 멀리 띄워 보내고 있었다.

강구항의 어부 형제

강구항에 도착한 때는 이른 새벽이었다. 작은 백열등 불을 밝히고 출항 준비에 부산한 배들. 그 앞에서 드럼통 안에 피운 장작불을 쬐고 있는 김상욱 씨(36세)를 만날 수 있었다. 내가 타고 갈 배인 상동호의 선원이었다. 상욱 씨는 선주이자 선장인 김상식 씨(41세)의 동생이기도 했다. 잠시 함께 불을 쬐다가 배로 향했다. "파도가 마이 시니까(세니까) 배 안에 들어가 있으소." 선장 김상식 씨가 한마디 건넸다. 무뚝뚝함이 몸에 밴 사람들. 험한 바다에서 사느라 그의 얼굴은 햇볕에 타고 약간의 소금기가 덮여 있는 것같이 보이기도 했다.

이윽고 엔진이 부르릉 소리를 내고 배는 가볍게 몸서리를 쳤다. 이 배는 요즘이 가장 맛이 좋은 철이라는 대게를 잡으러 가

는 길이다. 하늘은 새벽 별도 보이지 않을 만큼 잔뜩 흐려 있었
다. 아직 동이 트지 않은 바다로 상동호가 나갔다. 뱃전에서 풍
겨오는 비릿한 내음이 그리 싫지 않았다. 하늘에서 가볍게 빗방
울까지 떨어져 선실 안으로 들어갔다. 한 명이 겨우 누울 만한
비좁은 곳에 앉아 있자니 키를 잡고 있는 선장은 다리만 보였다.
"배가 마이 흔들리니까네 꼭 붙잡고 있으소. 오늘 바람 디게 부
네요." 그는 배에 붙은 무전기로 배 위치를 알리고 나서 다시 말

을 건넸다. 조그맣게 난 유리창 너머 시커먼 바다가 보였다. 파도가 꽤 세서 조금 겁이 나기까지 했는데, 그것보다는 아까부터 속이 불편한 것이 더 마음에 걸렸다. 눈을 감고 가만히 누웠다. 요란한 엔진 소리, 세찬 바람 소리, 비가 약하게 배에 부딪치는 소리들이 들려왔다.

엔진 소리가 멈춘 것은 그로부터 한 시간여가 지난 후였다. 선실을 나서며 계기판에 나타난 위치를 보니 북위 36도 18분, 경도 129도 38분. 며칠 전 설치해 둔 저자망에 도착한 것이다. (저자망은 그물에 닻을 달아 바다 깊숙한 곳에 늘어뜨려 놓는 방식을 말한다. 우리가 익숙하게 들어왔던 유자망이란 바다 위에 떠 있게 설치하는 것이고 유자망과 저자망 중간에 설치하는 그물은 중충망이라 한다.) 이제 대게가 걸려 있을 그물을 끌어당겨야 할 때라 배 위는 바빠지기 시작했다. 하늘은 아직 흐리고 파도는 이 6톤이 조금 넘는 작은 배를 좌우로 세차게 흔들어댔다. 이리저리 요동치는 배 위에서 사람들은 어렵게 균형을 잡으며 이것저것 나르기도 하고 기계를 만지고 했다. 이 배에는 김상식 씨 형제 외에도 김 선장의 친구라는 이운우 씨(41세)도 타고 있었는데, 김 선장이 기계로 그물을 끌어올리면 다른 두 사람이 옆에서 게를 그물에서 떼내었다.

넓디넓은 시커먼 바다 속에서 게들이 거짓말같이 하나 둘 그물에 걸려 올라왔다. "기(게)는 찬물에서 노는 거라가 요즘같이 수

온이 높으모 바다 속으로 많이 들어가니더. 그래가 한창 잡힐 때
는 양력 2월이라요. 그때는 기들이 물에 나와가 돌아댕기거든요.
그런데 왜 대게라 카는지 압니꺼? 이게 다리가 대나무같이 생겨
가 그래 부르는 기라요." 생각보다 게가 많지 않다고 하자 김 선
장이 설명해 주었다. 그는 게 얘기를 꺼내자 조금 말이 많아졌다.
어느덧 하늘이 훤하게 밝아 있었다.

 작업이 다 끝나고 선원인 김상욱 씨, 이운우 씨와 뱃전에 기대
어 앉아 담배를 나누어 피웠다. 김상식 선장은 여전히 키를 잡고
있었다. "오늘은 한 틀(약 1.5킬로미터의 그물 하나)만 해가 좀 일
찍 끝났니더. 두 틀 작업할 때도 있는데 그때는 진짜 바빠가 한
서너시나 돼야 끝나니더." 상욱 씨는 오늘 초등학교 동창들끼리
축구시합도 있어서 조금 일찍 마쳤다고 했다. 김 선장 형제와
이운우 씨 모두 이곳 강구가 고향이다. 고등학교를 졸업하고 곧
바로 배를 타기 시작했다. 다른 것을 하고 싶었던 적도 있었지만,
원래 집에서 고기잡이를 했고 달리 마땅한 일도 없어 어쩔 수
없이 배를 타게 됐다. 선장인 형님은 대게잡이를 한 지 10년이
되었고 상욱 씨는 5년이 되었다. 두 형제가 오랫동안 같은 배를
타서인지 상동호는 다른 배들이 허탕을 칠 때에도 적은 양이나마
잡을 수 있다고 한다. "우리는 눈만 봐도 다 알거든요. 달리 형제
라 카겠어요? 그래가 배 위에서는 손발이 착착 맞지요. 안 그래

도 험한 일 하는데 맘 맞는 게 제일 중요하다 아잉교?" 과묵한 형님과 달리 상욱 씨는 쾌활한 성격이었다. 그래서 가끔은 형님 기분 맞추려고 우스갯소리도 던지고는 한다. 그럴 때면 잘 웃지 않는 형님도 웃음을 터뜨리곤 해서 기분이 좋아진단다.

대게철이 지나면 또 다른 고기를 잡는다. 혹시 배멀미를 하지는 않느냐고 물었더니 담배 연기를 후하고 뿜어내면서 김상욱 씨가 씩 웃었다. "오늘같이 파도가 신(센) 날은 우리도 멀미하고 합니더. 좀 쉬었다가 배 타고 하믄 제깍이지요." 바다에서 살다시피 하는 이들도 배멀미를 한다니 조금은 뜻밖이었다. 하지만 무엇보다 겨울의 추위가 가장 힘들다. 특히 추운 겨울날 파도가 거세어 바닷물이 얼굴과 손에 튈 때는 송곳으로 찌르는 것처럼 아프고 힘들다고 했다. 그래서 겨울에는 손과 얼굴이 트는 것이 예사다. 그나마 요즘은 고기가 많이 잡히지 않아 걱정이란다. 멀리 항구가 보이기 시작했다. 힘든 일을 마쳤으니 이제는 집에서 따뜻한 밥이라도 먹어야 할 것이다. 마누라가 맛있는 된장이라도 끓여놓고 기다릴지도 모를 일이다.

지리산 집배원

어쩌다 보면 우체국에 들를 일이 있다. 그럴 때면 왠지 마음이 푸근해진다. 가기도 전에 그곳의 풍경이 눈앞에 펼쳐지기 때문이다. 어떤 우체국이든 앞에는 빨간 우체통이 서 있다. 궁궐 앞에서 보초를 서는 장난감 병정 같은 우체통을 지나 우체국 안으로 들어서면 이제 상상했던 것이 현실로 나타난다. 겉봉에다 한 자 한 자 또박또박 주소를 쓰고 우표며 봉투를 조심스레 붙이는 곳은 따뜻한 햇볕이 들어오는 창가에 있기 마련이다. 풀칠하라고 놓아둔 작은 판 위에는 누군가의 서툰 풀칠로 인해 여기저기 풀 자국도 남아 있고, 그래서인지 우체국 안은 항상 은은한 풀 냄새가 배어 있다. 꼭 밥풀 냄새 같다. 사람에게 편지를 쓰고 물건을 부치는 일은 그래서 더욱 마음이 따뜻해지는 일이 된다. 최장식 씨를 만나러 간 지리산 자락의 마천우체국도 그랬다.

　길을 잘못 들어 약속시간보다 많이 늦었음에도 최장식 씨(43세)는 나를 반갑게 맞아주었다. 햇볕에 많이 그을린 얼굴이었고, 예상 외로 큰 은테 안경을 끼고 있는 것이 조금 특이하게 보였다. 헬멧을 쓰고 벗을 때 불편하지 않을까 하는 생각이 문득 들었다. 이곳에서만 벌써 22년째 근무하고 있다는 최장식 씨의 고향은 고추장으로 유명한 전라도 순창이다. "순창서 친구가 집배원을 하고 있었는디 옆에서 봉께 괜히 멋있어 보이고, 바람도 쐬고 함서 낭만적으루 살고 싶어서 집배원 시험을 봤어요." 어떤 사람들은 아주 낭만적인 이유로 직업을 선택하기도 하는데, 최장식 씨도 그런 사람 중의 하나인가 보다.

　배달을 나갈 시간이 되어 일어서는 그를 따라 같이 일어섰다. 우체국 한쪽에 작은 방이 하나 동그마니 있었는데, 배달할 우편물을 마을별, 번지별로 구분하고 일부인(편지 소인)을 찍고 우편물을 행랑에 집어넣고 하는 곳이었다. 마천우체국은 이곳 경남 함양의 마천면 전체를 관할하는데 최장식 씨와 다른 두 명의 집배원이 1천2백 가구에 우편물을 배달하고 있다. 최장식 씨가 우체국에 출근하는 시간은 아침 8시 20분. 30분 가량 청소를 하고, 차로 배달된 우편물을 받아서 구분을 하고, 특수우편물(등기)을 따로 받아서 배달을 나가는 시간이 대략 아침 10시경이다. 이제

배달을 나갈 시간이다. 작은 오토바이에 행낭을 싣고 헬멧을 쓰고 최장식 씨가 출발했다. 나는 차로 따라가기로 했다.

10분여를 달렸을까. 강가를 달리다가 다리를 건너니 입구에 큰 나무가 서 있는 한적한 마을이 나타났다. 마을 안 꼬불꼬불한 길을 달리던 그가 낮은 언덕배기의 집 앞에 멈추어 섰다. 집 안에는 할머니 한 분이 조그만 장독에서 김치를 꺼내고 계셨다. 배 타러 나간 막내아들이 오늘 어머니에게 편지를 보냈단다. 환하게 웃으시던 할머니는 그와 함께 툇마루에 앉았다. 할머니가 글을 못 읽으시는지라 그가 옆에서 찬찬히 읽어드렸는데, 할머니는 잘 있다는 아들의 편지에도 불구하고 멀리서 배 타며 고생하고 있을 자식 생각에 못내 걱정이 되는 표정이었다.

그곳을 떠나서 간 곳은 조금은 엉뚱하게도 벽송사라고 하는 절이었다. 하긴 절이라고 우편물이 오지 말란 법은 없을 것이다. 이곳에는 편지뿐 아니라 신도들이 보낸 과일이나 쌀 등이 배달되기도 한다. 거기에 소포를 전달하고 나서 들른 곳은 옻 작업을 하는 곳이었다. 작업을 하던 사람들에게 인사를 하자 모두들 반가워한다. 사람이 잘 찾아오지 않는 곳에 집배원은 이렇게 반가운 사람이다. 이곳은 근처에 댐이 들어서는 바람에 많은 사람들이 이주해 가버렸다. 주민의 절반 정도가 이주해 갔는데, 우체국도 곧 이주할 예정이다.

그는 집배원 생활을 하면서 참 많은 일을 겪었다. "자식이 군대에 가면 옷 보따리 보내주는데 우린 그걸 눈물 보따리라 카지. 그거 갖다 주면서 얼매나 울꼬 생각도 하고, 나락 빌 때 되모 오토바이 세워놓고 나락도 비 주고 새참도 같이 묵고, 차가 안 들어가는 데가 많아서 장 보러 갔다가 오는 사람 보통이도 들어주고 그라제. 여기는 돌 공장이 많은데 한 번은 겨울에 배달을 하고 오는데 사람이 하나 길에 누워 있더라고. 뻣뻣해서 죽은 줄

알았제. 그란데 아랫목에 갖다 놓으니께 살고 하더라고.”

요즘처럼 통신수단이 눈부시게 발달한 시대에 집배원은 사람들에게 많이 멀어진 존재다. “요즘 편지야 고지서 정도고 주로 전화로 다 하제. 광고우편물이나 있고 정서적인 게 많이 사라졌어. 그래도 초·중등학생들 편지봉투 쬐깐한 거, 색깔 있는 것들 그런 건 아직도 좀 있어.”

그는 시간이 날 때면 시를 쓴다. '함양문학'이란 동인지에 시를 게재하고 동창회에 가면 시 낭송을 하곤 해서 인기도 좋다.

곧 다가올 겨울은 집배원에게 힘든 시기이다. 해는 짧고 눈도 오고, 배달을 하기가 많이 어렵기 때문이다. 골수암 수술을 받고 난 후 잔병치레가 잦은 딸과 함께 사는 그가 이 겨울을 잘 보내기를 진심으로 바란다.

고창 흥덕향교 집사

마을 이름이 송촌이라고 했다. 마을 입구에 서 있는 표지판을 뒤로 하자 넓은 공터가 나왔는데 여기서 길은 세 갈래로 갈라진다. 어떤 길로 가야 하는 걸까. 조용구 씨(69세)에게 전화를 했다. 여기서 기다리면 데리러 나오겠다고 했다. 잠시 후 어린아이의 손을 잡고 그가 나타났다. 환하게 웃으면서 먼길 오느라고 수고했다고 인사를 했다. 아이는 손녀인 정은이.

좁은 골목길을 지나 그의 집에 도착했다. 기와가 얹힌, 마당이 너른 집이었다. 사랑방인 듯한 작은방으로 함께 들어갔다. 방에는 자신과 부인, 자손들의 사진이 액자에 걸려 있고 옷장이며 책장 등속이 있었다. 그의 부인이 커피를 내왔다. 부인은 다리가 조금 불편한 듯했다. 작년에 허리수술을 해서 그렇단다. 그런데

이렇게 불편한 몸으로 아직 시어머님 수발과 가족들 뒷바라지를 하고 있다. 이 댁은 지금 4대가 같이 살고 있다. 조용구 씨의 어머니 임덕려 할머니(87세), 조용구 씨, 부인 김양선 씨(67세), 작은아들 조윤장 씨(35세), 그리고 손녀 정은이(7세). 이렇게 많은 세대가 같이 살기도 그리 흔한 일은 아닐 것이다.

조용구 씨는 지금 살고 있는 집의 바로 윗집에서 태어났다. 그리고 아직 한 번도 고향을 떠나 산 적이 없다. 열 살 때까지 나막

신 신고 3년간 서당에 다녔다. 20명 남짓한 학생들이 매일 훈장님 댁에서 『천자문』, 『소학』, 『명심보감』 등을 배웠다. 그러다가 신학문을 배워야 한다고 하여 남들보다 2년 늦은 나이에 초등학교에 들어갔다. 결혼은 49년 전에 했다. 부인은 그때부터 시부모와 일곱 명의 시동생들이 함께 살고 있는 이 집에서 시집살이를 시작했다. "내가 무남독녀라 시집올 때 옷도 참 많이 해왔는데 그거 다 뜯어갖고 시동생들 옷 해 입히고 했제. 우리 큰아들이 막내시동생하고 동갑인데 어머님이 젖이 잘 안 나와갖고 내가 막내시동생 젖도 먹이고 했당께." 옆에 있던 남편도 부인 고생이 참 많았다는 얘기를 빼놓지 않는다. 밥을 해서 들여놓으면 어린 시동생들이 철모르는 나이들이라 형수 먹을 밥도 안 남겨 그의 부인은 밥을 굶는 일도 많았다고 한다.

　이런저런 얘기를 나누다가 이 집 식구들 모두의 사진을 찍기로 했다. 조용구 씨와 부인, 손녀 정은이는 곱게 한복을 차려입고 나왔다. 거동이 불편한 할머니와 아들 윤장 씨도 나왔다. 마당에 의자를 놓고 나란히 앉아 있는 이들의 모습을 보고 있자니 왠지 마음이 푸근해졌다. 촬영이 끝나고 근처의 흥덕향교에 들러 보기로 했다. 조용구 씨가 얼마 전까지 전교(향교의 살림을 맡아하는 사람)를 맡았던 곳이다. 향교로 가는 길에는 여러 개의 비석들이 세워져 있었다. 현감송덕비와 향교직원비다. 옛날에 세워졌던

것들이다. 향교는 언뜻 보기에도 역사가 꽤 길어 보였는데 1621년(광해군 13년)에 창건해서 1675년(숙종 원년)에 중건한, 약 4백년의 세월이 깃들여 있는 곳이다. "1987년에 향교에 입교했제. 16년을 다닌 건데 '장'이라고, 전교 밑에서 협조하고 살림하는 걸 8년 하고 전교만 2년 했는데, 전교가 하는 일이 향교위토에서 토세 받아들이고 음력 2월·8월에 대제 준비하고 효자·효부 표창하고 하는 일이여."

향교에서 나와서 집으로 가는 길에 한 군데 들를 데가 있다고 했다. 돌아가신 아버님의 묘소. 마을이 한눈에 훤히 내려다보이는 낮은 언덕에 묘가 있었다. 그가 호미를 들고 봉분을 손질했다. 그는 가끔씩 이렇게 틈이 나면 아버님의 무덤을 찾는다. 옆에도 작은 봉분이 하나 더 있었는데 그건 아직 살아 계신 어머님의 가묘다. 집에 돌아오니 마당에서는 정은이와 할머니가 사이좋게 앉아 무말랭이를 다듬고 있었다. 작년 가을에 해둔 거라는데 정은이는 괜히 심심하니까 할머니를 귀찮게만 하는 것 같다.

어느새 옷을 갈아입은 조용구 씨가 밖으로 나가려고 준비를 했다. 논에 일이 있는 것이다. 작년에 추수하고 남은 짚들을 모아 퇴비로 쓸 요량이다. 논에는 여기저기 짚들이 흩어져 있었는데, 아직은 정정한 몸놀림으로 빠르게 이것들을 모으기 시작했다. 날이 어두워지기 시작하자 약한 한기가 느껴졌다.

논일을 마치고 집에 돌아오자 구수한 냄새가 났다. 저녁을 준비하고 있는 모양이었다. 식구들이 모인 자리에 함께 앉아 밥을 먹었다. 밥을 먹고 다시 노부부와 자리를 함께 했다. "어머님이 12년 전에 낙상으로 척추를 다쳐 12년간 누워 계셨는데 이제는 휠체어 생활을 하제. 얼마 전까지도 대소변 다 받아내고 했지라. 아버님도 중풍으로 3년을 고생하시다 가셨고, 그거 뒷바라지하느라 내가 다 늙어버렸당께. 그래도 내 부모라 그라제 남에 부모 같으면 감히 못 하제. 그라고 우리 어무이가 좋고 하니 쌈도 안 하고 서로 비위 맞춰갖고 하는 거제." 부인 김양선 씨와 시어머니는 옆에서 보기에도 사이가 좋아 보였다. 할머니 방에 갔을 때는 할머니 머리도 빗겨드리고 버선도 신겨드리고 하는 걸 볼 수 있었다. 부부는 2남 2녀를 두었는데 그 중 셋은 객지에 나가 살고 있다. 자주 연락도 하고 부모님을 뵈러 오기도 하는 모양이다. 그리고 함께 사는 아들과 손녀도 있어서 이 부부는 그리 적적해 보이지는 않았다. 밖에 누가 온 것일까. 어두워진 문 바깥으로 개 짖는 소리가 들려왔다.

장호원 농부 가족

   그토록 뜨겁게 대지를 달구던 열기는 다 어디로 갔을까. 남해의 어느 섬에서 소라며 전복을 따던 한 해녀는 바닷물이 밀려왔다가는 다시 어디로 쓸려 가는지 신기하기만 하다 했는데, 문득 그런 의문을 가지게 되었다. 하늘 높이 올라가서 신의 소맷자락에 갈무리되는 걸까, 바닷속 수많은 조개들 몸 안으로 숨어드는 걸까. 그도 아니면 열사의 사막이나 적도의 열대우림으로 짧은 나들이를 마치고 돌아가는 걸까.

   장호원 들판에 부는 바람 속에는 여름의 잔해와 가을의 첫걸음이 함께 보였다. 이렇게 계절은 가고 또 오나 보다. 정우석 씨(34세)네는 복숭아를 키우는 가족이다. 가족은 모두 햇볕에 그을린 갈색 피부를 하고 있었다. 아버지인 정우석 씨 피부가 조금 더

짙다고나 할까. 가족은 그렇게 닮은 색깔이었다. 요즘은 미백 복숭아가 나올 시기라고 한다. 2천여 평의 밭에 복숭아만 약 8백 주. 나무 한 그루에서 3백50~4백 개의 열매가 난다. 특등품은 3백~3백50그램.

복숭아농사는 이렇게 이루어진다. 2월이면 밭에 퇴비를 준다. 3월 말에서 4월 꽃피기 전까지 꽃눈 솎기(따주기)를 하는데 가지 하나에 달린 20개에서 50개의 꽃눈 중에서 절반 정도를 솎아낸다. 꽃잎이 너무 많으면 영양분을 집중해서 공급할 수가 없기 때문이다. 꽃이 피고 나서도 10~20퍼센트 정도 적화(꽃 따내기)를 한다. 그러면 남은 꽃들이 수정을 한다. 수분을 하고 5월 말이면 착과(열매가 달림)가 된다. 과실이 달린 후에도 3차까지 적과(열매 따기)를 하고 마지막에는 큰 가지에 서너 개, 작은 가지에 한 개 정도의 열매만 남게 된다. 6월에 봉지 씌우기를 하는데 병충해와 열과(강한 햇볕 때문에 과일이 갈라지는 것)를 방지하기 위한 것이다. 8월 초부터 복숭아 따기에 들어가는데 먼저 미백을 따고 그 후에 천중도, 황도 순으로 10월 초까지 딴다.

1년 중 제일 더운 때에 수확하는 것이라 무척 힘이 든다. 나무가 크고 넓다는 것도 어려움을 더 한다. 복숭아는 다른 과일에 비해 저장성이 떨어져 비가 와도 딸 때가 되었으면 따주어야 하고, 수확과 동시에 판매해야 한다. "여기 나무 하나하나 성질을 내가 다 알아요. 어떤 놈은 과일을 많이 달아도 되고 어떤 놈은 적게 달아야 되고. 한꺼번에 다 따야 하는 것, 조금씩 여러 번 따야 하는 것, 이런 걸 다 알고 있어요. 다 내 자식들 같지요."

정우석 씨네는 작년에 10킬로그램짜리로 1천2백 박스를 땄다. 총수익은 3천만 원 가량. 이곳에서는 봄에 호밀을 키워서 잘라준다. 토양도 부드러워지고 퇴비로도 쓸 수 있어 일석이조의 효과가 있다. 점족관수라는 시설도 하였는데, 날이 가물 때 자동으로 나무에 물이 떨어지게 하는 장치라고 한다. 젊은 사람이라 과학적인 영농법을 여러 가지로 실천하고 있는 듯하다. 딸 찬양이(8세)와 아들 인화(7세)도 아빠를 따라 복숭아를 따러 나간다. 찬양이는 누나 노릇을 제대로 보여주려는지 아빠가 따주는 복숭아를 박스에 담고 하는 폼이 꽤 의젓한데 인화는 어느새 도망가 버렸는지 코빼기도 안 보인다. 우석 씨도 이런 일에는 익숙한지 인화를 찾지 않는다.

가지고 온 박스에 복숭아를 다 채우고 아래쪽의 작업장으로 내려갔다. 복숭아 향 가득한 작업장에서는 그의 아버지 정재린 씨(71세)와 부인 김혜정 씨(32세)가 박스에 포장을 하고 있었다. 우석 씨네는 아버지 때부터 복숭아농사를 했다. 그도 어렸을 때부터 복숭아를 그렇게 좋아했단다. "그런데 제가 잠시 직장에 다닐 때 아버님이 관상수를 심으신 거예요. 제가 설득해서 다시 복숭

아나무로 바꾸었지요. 처음 시작할 때 전국의 모든 복숭아 품종
을 심어보았어요. 의욕이 앞섰던 거지요. 그런데 품종 선택도 잘
못 되고 식재거리(나무 사이의 거리)에도 문제가 있어서 전부 다
갈아엎고 지금은 미백과 천중도, 황도만 하고 있어요." 세 품종
의 특징을 간단히 살펴보면 미백은 살색처럼 연한 색깔이고 과육
도 연하며, 천중도는 당도가 높고 대과(무게가 많이 나감)에 속한

다. 복숭아가 시기적으로 귀한 때에 나오는 황도는 노란 색을 띠고 맛이 가장 좋다.

　우석 씨는 과수원의 풀을 일일이 베는 것이 무척 고된 일이라고 한다. 1년에 서너 번 베는데 제초제를 안 쓰다 보니 그렇게 힘들게 할 수밖에 없다. 적과와 봉지 씌우기를 할 때는 20~30명의 인원이 필요한데 올해는 사람 구하기가 하늘의 별 따기였다. 그러나 무엇보다 수입 농산물 때문에 우리 과일이 덜 팔리는 것이 가장 힘든 일이라고 한다. 일이 끝나고 작업장 앞 평상에서 방금 딴 복숭아를 함께 먹었다. 복숭아는 단물이 주르륵 흐르는 게 정말 맛이 있었는데, 나는 오랜만에 어렸을 적 먹었던 그 맛있는 복숭아를 떠올려볼 수 있었다.

횡성 별바라기

　별이 정말 많았다. 지금껏 이렇게 많은 별들을 보았던 적이 없는 것 같다. 순기 씨가 얘기한 대로 별이 쏟아지고 있었다. 산골이라 아직은 밤이 약간 쌀쌀한데 별 때문일까, 그리 추운 줄 모르겠다. "별에도 색깔이 있다는 거 아세요?" 한창 망원경에 눈을 박고 별을 보던 그가 내게 물었다. 어, 별에 색깔이? 듣고 보니 그런 것도 같은데 별 색깔이 무슨 색이지? 한참 밤하늘을 보아도 잘 모르겠다. 흰색 같기도 하고 노란색인가 아니면 파란색? 갑자기 색맹이 된 듯한 기분이 들었다. "별도 색깔이 제각각이에요. 하얀색, 빨간색, 청색, 청백색……." 다시 별들을 보았다. 정말 그런 것 같았다. 진하지는 않아도 희끄무레한 별, 푸르스름한 별, 발그스름한 별. 별을 저렇게 오래 보다 보면 이젠 그런 것까지도

242

잘 보이게 되나 보다.

　순기 씨는 올해 스물다섯인 경상도 처녀다. 그런데 어쩌다 이 강원도 산골에서 별을 보고 있는 거지. 직함도 거창한 천문대장이 되어서. 그는 어린 시절부터 별 보는 걸 좋아했다고 한다. 여름철 할머니 무릎을 베고 밤하늘을 보던 기억이 그에게는 남달랐던 같다. 지금도 밤하늘에 뭉게구름이 떠 있고 그 사이로 별이 보일 때가 제일 행복하단다. 그리고 마른 나뭇가지들에 별이 열려 있는 것을 보는 것도 무척 좋아한다. 망원경으로 별을 제대로 관찰하기 시작한 것은 대학에 들어와서였다. 천체 관측 동아리가 있었는데, 동아리의 망원경을 가지고 별을 보기 위해 참 많이도 다녔다. 한탄강 근처의 재인폭포 있는 곳, 충북의 광혜원, 이 근처의 치악산이 주로 다녔던 곳이었다. 다니다가 길을 잃은 적도 많았다. "제가 별길은 잘 알아도 땅길은 잘 모르거든요." 그러면서 환하게 웃는다.

그렇게 별을 보러 다니다가 이곳에 정착하게 된 것이 1999년이었다. 천문대는 그보다 2년 전에 세워졌다. 천문대의 이름은 '천문인마을'. 별 보기를 좋아하는 화가 조현배 씨(49세)와 부인 김종란 씨(32세)가 이곳을 지었다. "우연히 여기에 별을 보러 왔다가 천문대를 짓게 되었어요. 별 보는 데는 고도가 높고 인공 불빛이 적어야 해요. 그리고 청정일(밤이 맑은 날) 수가 길고 근처에 댐이나 호수가 없는 곳이 좋거든요." 마을 총감독 조 화백 부부의 노력으로 천문대는 지어졌고, 얼마 전에는 횡성 군수가 이곳을 '별빛보호지구'로 지정하기도 했다. 역시 이곳에 별을 보러 들렀던 순기 씨와 화가 부부는 어느덧 마음이 맞아 한식구가 되었다.

천문인마을은 아마추어 천문인들이 별을 관측할 수 있도록 하기 위해 만들어진 곳으로, 정기적으로 찾아오는 회원이 50여 명이고 일반인들도 가끔 들른다고 한다. 순기 씨는 조 화백 부부와

함께 천문대를 손질하고 회원들에게는 인터넷을 통해 관측기를 제공한다. 또 홈페이지를 관리하며 천문교실도 운영한다. 별을 잘 모르는 사람들이 오면 천문대 옥상에서 랜턴으로 별을 비춰가며 이름도 가르쳐주고 망원경으로 크게 보여주기도 한다. 천문대가 건립된 지 얼마 되지 않아서 이것저것 할 일도 많다. 나무를 깎아 탁자나 강의실 의자도 만들고, 좀 있으면 텃밭에다 호박이며 토마토도 심을 예정이다. "작년엔 토마토가 너무 많이 열려서 그거 다 먹어치우느라 정말 고생했어요. 매일 의무적으로 큰 컵으로 하나 가득 채워서 먹고는 했거든요." 호박도 잘 열려서 그때의 호박씨를 아직까지 까먹고 있었다.

순기 씨가 망원경으로 별들을 보여주었다. 별들이 무리 지어 있었는데 산개성단이라고 했다. 별 이름은 'M36'과 'M37'. 태어난 지 얼마 안 된 별들이 무리 지어 있는 곳이다. 밤하늘에서 제일 밝은 별은 시리우스다. 행성으로는 금성이 최고로 밝다. 우리가 살고 있는 북반구에만 3천 개, 남반구에 3천 개 합해서 6천 개의 별이 있다. 그 많은 별들 중에 그가 제일 좋아하는 별자리는 작은곰자리 꼬리 부분의 북극성을 휘감고 있는 용자리다. 부분적으로는 1년 내내 보이지만 요즘 같은 때는 완벽하게 다 보인다. 그는 별을 보고 시간을 알 수 있다고 했다. 별이 정남향에 올 때를 가리켜 '남중'이라고 하는데, 새벽 2시 30분에 뜨는 전갈자

리가 남중이면 새벽 4시, 처녀자리와 목동자리가 남중이면 밤 10시. 항상 북쪽에 있는 북극성으로 방향을 추측하고 시계 반대방향으로 모든 별이 돈다는 것을 알고 있으면 간단하다고 했다.

별은 달이 차츰 작아지는 시기에 잘 보인다. 그래서 한 달이면 보름 정도가 집중적으로 별을 관측하는 시기이다. 그것도 밤이 짧은 여름보다는 겨울이 별 보기가 좋다. 하지만 별을 보다가 밤을 꼬박 새우기라도 할 때면 추위 때문에 고생이 이만저만이 아니다. 겨울밤에는 밝은 별이 많아서 화려하고 또 여름밤에는 은하수가 잘 보여 별이 무척 많아 보이는데 이때 빼놓을 수 없는 구경거리는 별똥별이다. 하룻밤에 열 개에서 스무 개까지 볼 수 있는데, 양력 8월 12일에서 13일까지가 페르세우스 별똥별이 떨어지는 시기라 이때는 1백~5백 개까지의 별똥별을 볼 수 있다.

"사람들이 가끔이라도 하늘을 봤으면 좋겠어요. 달도 밝은 부분, 어두운 부분이 있거든요. 밝은 하늘에 구름도 보구요. 저는 맑은 날 하늘에 비행기 날아가는 것만 봐도 좋아요." 별 때문에 밤하늘은 어둡지 않았다. 저마다의 색깔을 가지고 저마다의 길을 가는 별들 때문에 밤하늘은 부산했다. 그 별들이 가는 길을 순기 씨가 따라가고 있었다.

안성의 남사당 꼭두쇠

조선 후기, 이 땅에 최초의 민중연예집단이 결성되었다. 잠터와 마을을 다니며 춤과 노래, 곡예를 선보였던 이 집단을 사람들은 남사당이라 불렀다. 남사당이 처음으로 생겨난 곳이 안성의 청룡사인데 안성 남사당은 바우덕이라는 최초의 여자 꼭두쇠(상쇠)로 인해 최고의 명성을 떨치게 된다. 가난한 소작농의 딸로 태어나 다섯 살 어린 나이에 병든 어미에게서 남사당패에게 넘겨진 바우덕이. 그녀는 빼어난 미모와 뛰어난 재주로 많은 사람들의 사랑을 받았다. 경복궁을 중건할 당시 안성 남사당은 노역자들을 위로하는 공연으로 흥선대원군에게서 당상관 정3품의 벼슬에 해당하는 옥관자를 받기도 했다.

"열 살 때였어. 마을에 난장이 섰는데 거기 남사당이 와서 공연을 했지. 내가 그걸 구경하다가 그 복판에 나가서 덩실덩실 춤을 춘 거야. 나도 모르게 흥에 겨워서 그랬던 거지. 그걸 본 구경꾼들이 좋아라 하니까 꼭두쇠 하던 이원복 선생이 날 무동 태우고 돌아다니고…… 그게 시작이었지."

지금 안성 남사당을 이끌고 있는 꼭두쇠 김기복 선생(75세)이 들려주는 소설 같은 이야기다. "고생도 많이 했지. 어떨 때는 두 달 동안 공연을 하고 돈 한푼 못 받기도 하고, 밥도 굶고……. 지금 생각하면 미친놈이었어. 동네 사람들한테도 돈 한푼 못 번다고 손가락질당하기도 하고 그랬어. 그만두려고 몇 번이나 벙거지를 내다 버리고 했는데도 결국엔 다시 찾아서 쓰게 되더라고."

사람이 어딘가에 미치면 그렇게 되나 보다. 김기복 선생이나 부쇠 정진태 선생(80세), 징수 이상천 선생(78세), 장구수 전원근 선생(69세), 대감 유효석 선생(73세), 북수 송영홍 선생(75세), 법고수 박필석 선생(77세)들도 다 그런 신명을 타고났나 보다. 어려서부터 가락이 나오면 흥에 겨워 어쩔 수 없이 이 길로 접어들었다.

안성 남사당은 경기웃다리가락을 한다. 김기복 선생의 설명에 의하면 안성, 평택, 대전 등이 이 가락을 하는데, 그 아래 지방은 아랫다리가락을 한다. 경기웃다리가락은 경쾌하고 보는 이를 신명나게 하는 빠른 가락이 특징이다. 또 기술적 난이도가 상대적

으로 높다. 잦은가락, 곁가락 등이 들어가서 변화가 많은 점도 빼놓을 수 없다. 그 가락을 입으로 직접 들려주는 선생의 얼굴은 약간 상기된 듯 보이기도 했다. 이들은 꼭두쇠가 우두머리가 되어 공연을 할 때면 여섯 가지 놀이를 하는데, 풍물, 버나(대접 돌리기), 살판(땅재주), 어름(줄타기), 덧뵈기(탈놀음), 덜미(꼭두각시놀음)가 그것이다.

한편 꼭두쇠는 남사당패의 중의에 의해서 선출되는데 대개 뜬쇠 중에서 가장 많은 수의 추대를 받은 사람이 뽑혔다. 꼭두쇠가 나이가 많이 들거나 패거리의 신임을 잃으면 교체되었다. 꼭두쇠의 권한은 남사당 안에서는 절대적이어서 일상적이 것에서부터 새로 단원을 들이고 내쫓는 것까지 미치지 않는 곳이 없었다. 단원 중에 규율을 어기거나 꼭두쇠가 보기에 마땅찮은 사람은 볼기를 치거나 끼니를 굶기는 일도 있었다.

열 살에 그렇게 놀이를 시작하게 된 선생은 그 후 본격적으로 남사당패에서 공연을 했다. "동네마다 돌아다니면서 공연을 했어. 그러다 보니 초등학교도 열두 살에 들어가서 열여덟 살에 졸업을 했지. 동네 어느 집 사랑에서 잠도 자고 밥도 얻어먹고 그랬어. 장가를 스무 살에 갔는데, 나중에 군대 가서도 농악을 했어. 군대가 개성 근처였지. 그리고 이승만 대통령 취임 축하식에서도 공연을 하고 했지. 그때부터 사뭇 집에 있을 날이 없어." 요즘 선생은 안성 농악을 보존하고 후진들을 양성하는 일을 주로 한다. "경기 안성 농악이 살아야 해. 또 제일 세, 본거지니까. 그래서 다른 데 가서 가르쳐서 데려오고 해."

현재 안성 남사당은 시에서 무형문화재로 보호해 주고 있다. 이들이 매일 나와서 연습을 하는 남사당 전수관 안에서는 젊은 단원들이 연습에 한창이었다. 한쪽에서는 장구, 북, 태평소가 가락을 맞추고 한쪽에서는 상모를 쓰고 재주를 넘고 했다. 장구를 치는 이유정 씨(28세)와 태평소를 부는 하영주 씨(28세)도 어릴 때부터 가락이 너무 좋았단다. 이곳이 워낙 남사당의 본고장인지라, 어려서부터 그런 환경에서 자라 가락에 익숙해진 것도 큰 이유 중의 하나일 것이다. 예전에는 천막을 쳐놓고 연습을 하기도 했다는데 이제는 번듯한 건물도 생기고 안정적으로 이 길을 갈 수 있어서 좋다고 한다.

전수관 앞에서 한바탕 놀이가 벌어졌다. 20명이 넘는 사람들이 전수관 앞에 모이고 김기복 선생이 어느 순간 꽹과리를 치자 기다렸다는 듯이 장구며 태평소, 징, 북이 그 뒤를 따랐다. 잔디밭으로 자리를 옮기자 더욱 신이 났다. 가락이 바뀌고 이리저리 자리를 바꾸고 상모가 돌아가고 재주가 나오고 하는데, 보고 듣는 것만으로 나도 모르게 어깨가 들썩들썩했다. 구경하는 나도 이렇게 흥이 나는데 저들은 얼마나 신이 날까. 그들의 얼굴에서

흥이 넘쳐나는 것을 느낄 수 있었다. 꼭두쇠 김기복 선생은 어쩌면 그 가락에 덩실덩실 춤을 추던 이 땅의 숱한 사람들을 보고 있는지도 모를 일이었다.

섬진강가 매화를 닮은 사람

　길 옆으로 강이 있었다. 새하얀 모래톱 위를 커다랗게 굽이치며 그곳에 강이 있었다. 멀리서 보니 강은 흐르지도 않고 그 자리에 언제까지나 머물러 있는 것 같았다. 그 위에 손을 갖다 대면 그냥 미끄러져버릴 것처럼 강물은 그렇게 매끄럽게만 보였다. 아낙네들이 물 속에 다리를 담근 채 천천히 오가는 모습이 눈에 들어왔다. 아마도 강에서 많이 나는 재첩을 잡고 있는 모양이었다. 대기는 봄기운으로 가득 차 주변의 풍경들을 빨아들이고 있었다. 섬진강이 그 안에 있었다.

　길을 조금 올라가자 새하얀 꽃들이 하나둘 나타났다. 매화가 이제 막 피어나고 있었다. 꽃은 길가에도 강가에도 집 옆에도 지천으로 피어 '매화마을'이란 이름이 하나도 무색하지 않을 정도였다. 나는 지금 이 마을에서 매실을 키우고 있는 홍쌍리 씨(58세)를 만나러 가는 길이다.

"꽃은 2월 그믐에서 3월이면 핍니다. 그래 갖고 3월 말이면 지는데 꽃 떨어진 자리에 쌀눈 같은 게 생겨서 퍼뜩퍼뜩 크지요. 그것이 나중에 매실이 되는데 6월 초순이면 따기 시작하지요." 매화나무 가지를 가위로 손질하던 중이었다. 이렇게 가지치기를 잘 해주어야 매실이 잘 열린다. 자기 키보다 훨씬 높은 곳에 있는 가지인지라 한껏 팔을 뻗은 채이다. 벌써 30년이 넘게 해오고 있는 일이다.

매실은 씨를 심어 1년을 키운 후 좋은 품종을 골라 접목을 한다. 이것을 2년 정도 키운 후 3년째 되는 해에 묘목을 심는데 4~5년이 지나면 열매를 맺기 시작한다. 이때 열매는 완전히 익기 전인 청매가 약효가 있고 익은 후의 홍매는 약효가 없다. 꽃은 흰색과 연분홍색으로 크게 나뉘는데, 흰색 꽃이 피는 것을 백과화, 연분홍색 꽃이 피는 것을 고성이라고 한다.

홍쌍리 씨가 머리에 쓰고 있는 밀짚모자의 윗부분이 다 헤진 것이 문득 눈에 띄었다. 그런데 참 편안하고 온화해 보이는 얼굴이다. 언뜻 보면 옛날 대갓집 마님 같아 보이기도 한다. 나이를 참 곱게 드셨구나, 하는 생각이 들었다. "37년 전에 부산에서 이리로 시집왔어요. 그때 나는 건어물상을 하는 삼촌 집에서 살고

있었는데 시아버님이 그곳에 들르셨다가 나를 보고는 며느리 삼자고 하는 바람에 이곳으로 오게 됐지요. 처음에 와서는 기가 막혔지요. 45만 평 땅을 가진 부잣집이 꼭 움막 같은 데서 살고 있었어요. 등잔불 피워놓고 대청도 손바닥만하고 방도 작아서 드나들 때 머리가 부딪히기도 했으니까요. 일꾼이 40명에 밥상만 일고 여덟 개를 차려냈고요. 사람 다니는 길도 제대로 없어서 시집오는 날 논두렁에 발이 빠지기도 해서 장정 둘이 옆에서 부축해서 왔어요. 그래서 한 6년 동안은 도망갈 생각만 하고 말도 안하고 살았지요." 그녀의 시아버지 김오천 씨는 우리나라에 처음으로 매실나무를 들여온 분이다. 원래 일본에서 사업을 하다가 이곳에 정착하면서 산을 사서 개간을 하고는 밤나무와 매화나무를 심었다.

시집와서 허구한 날 실의에 빠져 있던 그녀는 어쩌다가 매화에 반하게 되었다. 낮에는 화사하게 피어 있는 꽃에, 밤에는 사군자 중에서도 여인의 순결에 비유된다는 그 향기에 정신 없이 빠지게 되었다. 시아버지가 배아픈 사람에게 매실을 먹여 배앓이를 낫게 하는 것을 보고 매실이 사람 몸에 좋다는 것도 알게 되었다. 그래서 매화를 심어야겠다고 생각했다. "그런데 아버님은 매화가 싫어지신 건지 자꾸 매화나무를 베어내고 밤나무를 심으려고 했어요. 그래서 아버님 바지자락을 잡고 매달렸지요. 제발 매화

나무를 심자고. 그러기를 한 11년쯤 하니까 그제야 아버님도 마음을 돌리셔서 밤나무를 베어내고 매화를 다시 심으셨어요." 그러던 시아버지는 1988년도에 돌아가셨다. 신기한 것은 그해 8월에 돌아가셨는데 그때 연세가 88세였다고 한다. 시아버지가 돌아가시고 난 후에도 매실농사를 게을리하지 않았고, 그 덕분인지 몇 년 전에는 전통식품명인으로 지정되기도 하였다.

그녀를 따라 매실 장독대가 있는 곳으로 가보았다. 정말 어마어마하게 많은 장독들이 이른 봄 햇살에 반짝이고 있었다. 손을 대어 보니 장독은 햇볕에 기분 좋게 따뜻해져 있었다. 모두 2천 개나 된다. 그 속에 매실차, 매실 장아찌, 매실 엑기스, 매실 절임, 매실주, 청매단(환약)들이 들어 있었다. 뒤를 따라 걷다가 본 그녀의 등이 많이 굽어 있었던 이유를 그제야 알 것 같았다. 이 많은 장독을 하루에 한 번만 열어본다고 해도 보통 고역이 아닐 성싶었다.

장독대를 열고 매실들을 들여다보던 그녀 얼굴에 환한 미소가 피어났다. 하얀 매화보다 더 밝은 미소가. 어느새 붉어온 봄바람이 매화 향기를 살며시 풀어놓고 있었다.

속초 등대 막내둥이

등댓불이 천천히 돌아가고 있었다. 자세히 보니 불은 여러 갈래로 쏟아지고 있었다. 한 갈래가 나오고 또 다른 갈래가 뒤이어 따라오고, 그 전에는 등댓불이 그냥 한 갈래로 나오는 줄 알았는데……. 아까 김규범 씨(35세)가 가르쳐준 것이 생각났다. "등대마다 불빛이 나오는 간격이 달라요. 대진 같으면 12초에 한 번, 주문진은 7초, 묵호는 10초 이런 식으로요. 그래야 배들이 지금 자기가 어느 앞바다를 지나고 있는지 알 수 있으니까요." 사실 등댓불이 돌아간다는 것은 정확한 표현은 아니다. 광원이 되는 전구는 고정되어 있고 그 주위에 큰 반구가 있어서, 반구가 빛을 가리면 불이 안 보이고 가리지 않으면 불이 보이는 방식이기 때문에 돌아가는 것처럼 보인다. 저 멀리 산꼭대기에서 금색의 반

구가 돌아가는 것이 보였다. 흡사 이슬람 사원의 돔 같기도 한데, 어쩐지 쉭쉭거리는 소리가 날 것 같았다.

속초 등대 항로표지 관리원(등대에 근무하는 분들은 등대지기란 표현을 싫어한다. 너무 외롭게 느껴지기 때문이란다) 김규범 씨는 이곳 속초가 고향이다. 속칭 '아바이마을'로 불리는 청호동이 그가 태어난 곳이다. TV 드라마 〈가을동화〉 덕분에 유명해진 곳이다. "드라마에 나왔던 거랑 똑같아요. 배에서 내리면 구멍가게가 있는데 지금 가봐도 그대로죠." 아바이마을은 원래 실향민들이 많이 살던 곳이라 그와 같은 이름이 붙여졌다. 그의 아버지 역시 실향민이었고 배를 탔다.

그가 등대에서 일을 하기 시작한 것은 8년 전이다. 형님의 권유로 공무원 기능직 시험을 보았다. 지금은 기능직 8급 공무원이고 결혼을 해서 아이가 둘이다. 부인은 김성옥 씨(34세)고 수지(4세)와 수완(2세)이가 둘 사이에 태어났다. 이들 가족은 등대 바로 옆의 관사에서 살고 있다. "애들이 아직 어리니까 같이 살고 있지만, 학교 들어갈 때쯤이면 떨어져서 살아야 합니다. 우리는 3년마다 근무지를 옮겨다녀야 하는데 그때마다 전학을 시킬 수도 없고 해서요." 항상 사람 좋아 보이는 너털웃음을 짓던 그의 얼굴에 짧게나마 그늘이 드리워졌다. 수지가 학교에 다니게 될 4년 후를 생각하니 걱정이 앞서는 모양이었다.

　등대에는 보통 세 사람이 함께 일한다. 장년층과 청년층이 같이 근무하는데, 속초 등대에서는 30대인 그가 제일 막내이다. 그 위로 소장 이경재 씨(48세)와 이영철 씨(47세)가 있는데, 쾌활한 성격의 그가 주로 분위기를 이끌어가는 듯했다. 게다가 한창 뛰어놀기 바쁜 수지가 같이 있어서 분위기는 사뭇 화기애애했다.

　"등대에선 셋이든 넷이든 마음 티놓고 대화하면서 서로 이해하지 않으면 살아가기가 힘들죠. 자기 일만 찾아서 하겠다는 사람

도 아무도 없고요." 하루 24시간 내내 한눈을 팔 수 없는 일의 성격상 세 사람은 1일 3교대로 일을 한다. 대부분의 사람들은 잘 모르겠지만 등대는 밤에만 깨어 있는 것이 아니다. 등댓불은 꺼져 있어도 그걸 둘러싸고 있는 반구는 계속 돌아가고 있다. 속초 등대는 특이하게 '분동추'라는 시설로 반구를 돌린다. 분동추란 큰 태엽이라고 생각하면 되는데, 한 번 감아놓으면 마치 시계같

이 일곱 시간 동안 일정한 간격으로 회전을 한다. 태엽을 감는 일을 비롯해 요즘같이 안개가 많이 낄 때면 수시로 무신호(안개나 눈, 비 등으로 시야가 흐려졌을 때 등대의 위치를 알리는 소리 신호)를 보내주어야 한다. 그래서인지 대화 중간에도 그는 가끔씩 창밖을 내다보고는 했다. 근처의 아야진, 대포, 수산 등에 있는 무인등대도 점검해야 하고, 매일 수산진흥원으로부터 위탁받은 수온과 기온, 염분도, 운량(구름의 양)을 측정해서 보고해야 하며, 등대의 전원을 공급하는 축전지나 전구 그리고 불빛을 모아 보내주는 프리즘 등의 여러 시설들을 일일이 점검하는 것이 그의 일이다. 속초 등대는 이곳에서 바라보는 전경이 워낙 좋아 등대를 찾아오는 사람들이 많은데, 이런 관광객들의 편의를 도와주는 일들도 빼놓을 수 없다. 등대는 일반인의 출입이 자유롭지 않은 것으로 알고 있었는데 사실은 그렇지 않았다. 등댓불이 있는 등탑시설을 제외하고는 등대 안으로 들어오는 데 아무런 제약이 없다. 등대에 피해를 주지 않는다면 굳이 사람들의 출입을 막을 이유가 없다는 것이다.

잠시 관사로 들어갔던 그가 함께 저녁을 먹으러 가자고 했다. 부인이 국수를 말아놓았다는 것이다. 일반 가정과 별다르지 않은 집이었는데, 네 가족이 살기에는 딱 적당하다는 생각이 들었다. 등대에 근무하는 다른 사람들, 그리고 그의 가족과 함께 둘러앉았다. 국수 두 그릇을 너끈히 비우고 등대 앞의 화단 벤치에 둘러앉았다. 처음에는 그도 이 일에 적응하기가 무척 힘들었다고 한다. 보통사람들이 하는 일과 비교하면 너무나 생소한 일이었기 때문이었다. "예전엔 등대에 관해서는 아무것도 몰랐어요. 자다가 무신호 소리가 들리면 사람 잠 깨워가면서 저걸 왜 울리나, 생각했구요. 그랬는데 등대 일을 하면서 제가 직접 그 소리를 내게 된 겁니다. 조업하던 어선들이 이 신호를 듣고 무사히 항구로 들어오는 걸 보면 정말 이 일에 대해 보람을 느낍니다. 예전에 고기 잡던 우리 아버지도 아마 이 등대의 불빛을 보거나 무신호를 듣고 안전하게 돌아오셨을 겁니다."

어두운 불빛 아래지만 그의 얼굴이 약간 상기되어 있다는 것을 알 수 있었다. 함께 등대 밑으로 가보았다. 바다에는 점점이 불을 밝힌 어선들이 떠 있었다. 동해안의 여름은 오징어를 잡는 시기이다. 그 배들을 향해 불빛이 날아갔다. 이곳에 당신들의 길을 밝혀줄 등대가 있다고 말하는 듯이. 그는 물끄러미 바다를 보고 있었다.

1998년 청학동

안성의 1백 년 된 여관.

일제시대 때부터 있었던 이 여관은

1백 년이 넘는 역사가 담긴 곳이다.

곳곳에 세월의 흔적이 묻어 있는 이곳에서

할머니와 손자 둘이 오순도순 살고 있었다.

1999년, 이곳에 다녀간 지 몇 달 후에 문을 닫아

이제는 가볼 수 없는 곳이 되어버렸다.

안성의 1백 년 된 여관

마라도 청년, 민통선 아이들

2003년 10월 5일 초판 1쇄 찍음
2003년 10월 10일 초판 1쇄 펴냄

지은이 / 최상운
펴낸이 / 김영현
만든이 / 박문수, 정은영, 홍진, 신봉기
관리 · 영업 / 김경배, 김태일, 이용희

펴낸곳 / (주)실천문학
등록 10−1221호(1995. 10. 26.)

(121-839) 서울특별시 마포구 서교동 384-15 명진빌딩 1층
전화 322-2161~3(영업), 322-2164~5(편집)
팩스 322-2166, 홈페이지 www.silcheon.com

ISBN 89-392-0462-X   03900